Computadores & sociedade:
da filosofia às linguagens
de programação

Computadores & sociedade:...

...da filosofia às linguagens de programação _

Marcos Fernando Ferreira de Souza

Rua Clara Vendramin, 58 . Mossunguê
CEP 81200-170 . Curitiba . PR . Brasil
Fone: (41) 2106-4170
www.intersaberes.com
editora@intersaberes.com

conselho editorial_Dr. Alexandre Coutinho Pagliarini
_Dr.ª Elena Godoy
_Dr. Neri dos Santos
_Dr. Ulf Gregor Baranow

editora-chefe_Lindsay Azambuja

gerente editorial_Ariadne Nunes Wenger

assistente editorial_Daniela Viroli Pereira Pinto

capa_design_Roberto Querido
_imagem_Mclek/Shutterstock

projeto gráfico_Raphael Bernadelli

diagramação_Querido Design

iconografia_Vanessa Plugiti

Dados Internacionais de Catalogação na Publicação (CIP)
(Câmara Brasileira do Livro, SP, Brasil)

Souza, Marcos Fernando Ferreira de
 Computadores e sociedade: da filosofia às linguagens de programação/Marcos Fernando Ferreira de Souza. Curitiba: Editora InterSaberes, 2016.

 Bibliografia.
 ISBN 978-85-5972-210-9

 1. Banco de dados 2. Computação – História 3. Linguagem de programação para computadores I. Título.

16-07421   CDD-005.133

Índices para catálogo sistemático:
1. Linguagem de programação: Computadores: Processamento de dados 005.133

1ª edição, 2016.
Foi feito o depósito legal.

Informamos que é de inteira responsabilidade do autor a emissão de conceitos.

Nenhuma parte desta publicação poderá ser reproduzida por qualquer meio ou forma sem a prévia autorização da Editora InterSaberes.

A violação dos direitos autorais é crime estabelecido na Lei n. 9.610/1998 e punido pelo art. 184 do Código Penal.

sumário_

dedicatória = 7

agradecimentos = 9

apresentação = 11

como_aproveitar_ao_máximo_este_livro = 15

0000_0001 = I = computadores_e_sociedade = 19

0000_0010 = II = lógica_proposicional = 39

0000_0011 = III = a_lógica_de_programação = 67

0000_0100 = IV = estruturas_de_controle = 93

0000_0101 = V = expressões = 119

0000_0110 = VI = funções_básicas_da_linguagem_C = 145

0000_0111 = VII = introdução_ao_conceito_de_banco_de_dados = 165

para_concluir... = 183

referências = 185

lista_de_algoritmos = 187

respostas = 191

sobre_o_autor = 207

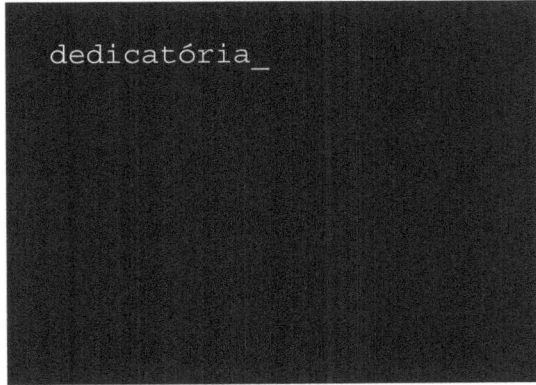

Dedico este trabalho às pessoas inteligentes e de bom humor, para as quais aprender vai além de todo prazer...

"Aprender é, de longe, a maior recompensa".

William Hazlitt, escritor inglês

apresentação_

Computadores & sociedade, linguagem de programação e banco de dados traz uma proposta inovadora e ousada, pois conecta de forma única várias disciplinas da computação a aspectos históricos do pensamento humano, da lógica dos filósofos gregos e da organização da sociedade ao longo do tempo.

Neste livro, vamos contar a história da computação desde o tempo de Arquimedes, passando pelos vários estágios da organização da sociedade, até as técnicas mais modernas das linguagens de programação de alto nível e banco de dados em uma linguagem simples e interessante. Assim, mesmo os não formados em computação poderão desfrutar e aprender com o texto, tudo isso sem se afastar do necessário rigor. Faremos quase uma viagem no tempo, o que permitirá ao leitor entender a razão de muitos dos conceitos que usamos hoje de forma natural e que estão nos levando para a "Internet das Coisas"*.

No Capítulo 1, vamos introduzir o tema e mostrar como os computadores e a informática modificaram o modelo de geração de riquezas ao longo do tempo, a ponto de chegar a definir gerações, comportamentos e valores, bem como suas influências diretas na sociedade brasileira.

Atualizando a discussão para os dias de hoje, no Capítulo 2 apresentaremos as principais ideias que levaram ao desenvolvimento da computação, estabelecendo a conexão entre os primeiros pensadores gregos (como Aristóteles), passando pela evolução do pensamento lógico, pela postulação das três leis fundamentais do pensamento e pelos conceitos da lógica proposicional e das estruturas lógicas utilizadas até os dias atuais.

Baseados nos princípios da lógica proposicional, no Capítulo 3 introduziremos os conceitos da lógica de programação computacional. Partiremos de situações simples do cotidiano para a construção de

---

* A *Internet das Coisas* (*Internet of Things* – IoT) é um termo criado para indicar a conectividade entre vários tipos de objetos do dia a dia, desde eletrodomésticos até carros. Conceitualmente, é possível conectar qualquer "coisa" à internet, e o IPv6 (nova versão do protocolo) é um passo importante para permitir essas conexões.

algoritmos estruturados lógica e computacionalmente, abordando as várias linguagens, os principais sistemas de numeração e os operadores lógicos.

Já no Capítulo 4 descreveremos as estruturas de controle necessárias para que um algoritmo seja executado por computadores, abordando desde a inicialização de variáveis, estruturas de seleção simples, composta e múltipla até estruturas de repetição. Esses conceitos essenciais de controle e seleção estão presentes em qualquer linguagem de programação de alto nível e são a base das estruturas computacionais modernas.

Com foco mais prático, no Capítulo 5 introduziremos a definição de tipo de dados existentes em qualquer linguagem de programação, além de tratar da declaração de variáveis e das expressões aritméticas. Com vários exemplos de código em linguagem C, mostraremos como manipular os dados em um programa de computador, introduzindo conceitos de programação que podem ser utilizados em qualquer outra linguagem de alto nível.

No Capítulo 6, focalizaremos a codificação de programas em linguagem C, trazendo uma compilação das principais características da linguagem e suas funções mais utilizadas nos primeiros programas a serem codificados.

Como ênfase na arquitetura moderna de servidores e de computação em nuvem, no Capítulo 7 traremos conceitos de bancos de dados, *softwares* e plataformas de gerenciamento desses recursos, bem como aspectos da *Structured Query Language* (SQL). O termo, que em uma tradução livre significa "Linguagem de Consulta Estruturada", serve como padrão de gerenciamento dos principais bancos de dados baseados no modelo relacional.

Esperamos que este livro auxilie no estudo da computação e das matérias relacionadas a ela, proporcionando reflexões sobre conceitos e também a ajuda necessária em situações mais práticas. Boa leitura!

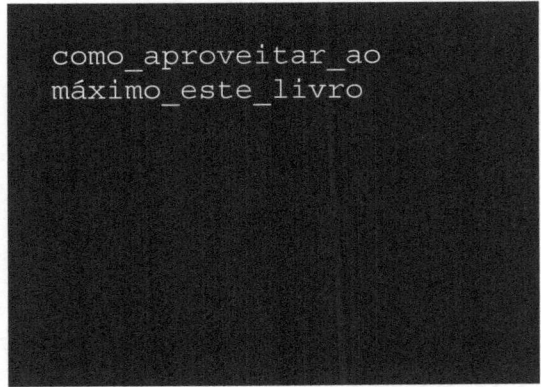

como_aproveitar_ao máximo_este_livro

Este livro traz alguns recursos que visam enriquecer o seu aprendizado, facilitar a compreensão dos conteúdos e tornar a leitura mais dinâmica. São ferramentas projetadas de acordo com a natureza dos temas que vamos examinar. Veja a seguir como esses recursos se encontram distribuídos no decorrer desta obra.

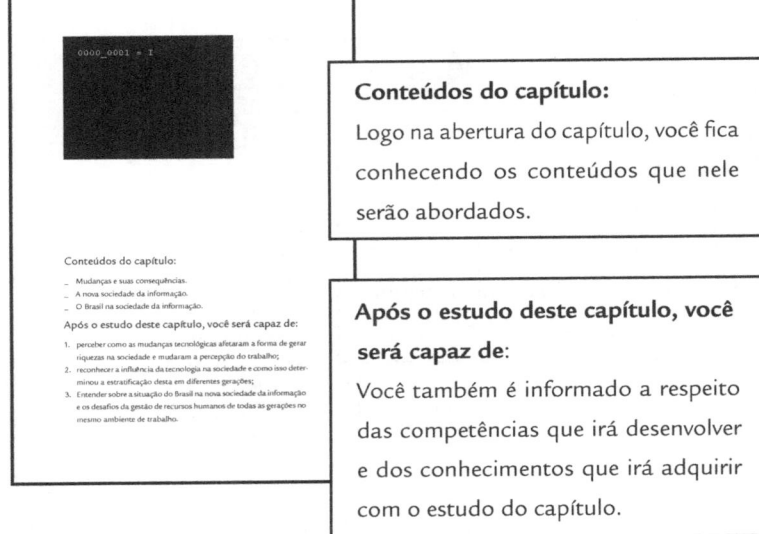

Conteúdos do capítulo:
Logo na abertura do capítulo, você fica conhecendo os conteúdos que nele serão abordados.

Após o estudo deste capítulo, você será capaz de:
Você também é informado a respeito das competências que irá desenvolver e dos conhecimentos que irá adquirir com o estudo do capítulo.

Estudo de caso

Esta seção traz ao seu conhecimento situações que vão aproximar os conteúdos estudados de sua prática profissional.

Síntese

Você dispõe, ao final do capítulo, de uma síntese que traz os principais conceitos nele abordados.

Exercícios resolvidos

Nesta seção a proposta é acompanhar passo a passo a resolução de alguns problemas mais complexos que envolvem o assunto do capítulo.

com os investimentos em infovias (redes de fibra ótica, redes de telefonia celular, tecnologia 3G e 4G).

A fim de tirar o máximo proveito de toda essa tecnologia, as pessoas também mudaram, as gerações mudaram e acabamos definindo de forma muito clara as gerações X, Y, Z como tendo hábitos digitais completamente diferentes. Percebemos que a questão tecnológica é um fator tão importante que é utilizada como referência para definir e distinguir duas gerações de pessoas.

Inegavelmente, você é parte dessa aldeia global, desse mundo conectado e vibrante onde ideias e pessoas interagem de múltiplas formas, gerando conhecimento, produzindo resultados e associando valor financeiro a esses resultados de forma quase instantânea. E tudo isso só acontece por causa da tecnologia que nos conecta.

[questões para revisão]

1. Heráclito de Éfeso e Pitágoras tinham a característica de pensar acerca de uma explicação racional e sistemática sobre a origem, a ordem e a transformação da natureza, maneira pela qual a filosofia também explicaria a origem e as mudanças dos seres humanos. Com base nesse enunciado, marque as afirmativas como verdadeiras (V) ou falsas (F):

( ) A filosofia busca a verdade absoluta e tem a capacidade de descrever todas as coisas tangíveis existentes no planeta Terra.
( ) Os filósofos da Antiguidade tinham conhecimento bastante limitado da ciência, razão por

Questões para revisão

Com estas atividades, você tem a possibilidade de rever os principais conceitos analisados. Ao final do livro, o autor disponibiliza as respostas às questões, a fim de que você possa verificar como está sua aprendizagem.

Como o detetive pode determinar se a pessoa está mentindo ou dizendo a verdade?

5. Joãozinho tem três carrinhos de tamanhos diferentes: Carrinho1, Carrinho2 e Carrinho3. Ele vai pintar cada um deles com uma única cor: azul, amarelo ou rosa. Agora, considere as seguintes afirmações:

_ Carrinho1 é rosa;
_ Carrinho2 não é rosa;
_ Carrinho3 é azul;

De quantos modos Joãozinho pode fazer a pintura dos carrinhos para que apenas uma dessas três afirmações seja verdadeira?

[Questões para reflexão]

1. A disciplina de Lógica é comumente conhecida como a *ciência do raciocínio* e tem suas origens nos trabalhos de filósofos antigos, como Aristóteles, que trabalhou para criar um método de busca da verdade. As bases propostas por ele foram evoluindo com trabalhos posteriores, como os do matemático Leibnitz, e hoje a teoria da lógica define os mecanismos para demonstrar se uma sequência de afirmações relacionadas entre si pode produzir um resultado verdadeiro. No entanto, a análise lógica não determina a validade do conteúdo dos argumentos, e sim se a verdade de uma conclusão pode ser obtida da verdade de argumentos propostos. Isso não teria desvirtuado o

Questões para reflexão

Nesta seção, a proposta é levá-lo a refletir criticamente sobre alguns assuntos e trocar ideias e experiências com seus pares.

objetivo inicial de Aristóteles na busca pela verdade? Comente.

2. No livro *O mundo assombrado pelos demônios: a ciência como uma vela no escuridão*, o professor de astronomia e ciências espaciais Carl Sagan narra como a escuridão (falta de ciência) parece tomar conta do mundo, em que explicações pseudocientíficas e místicas ganham mais espaços dos meios de comunicação. A ideia da obra foi destacar a busca do conhecimento científico e recuperar os valores da racionalidade. Ela ainda reafirma os benefícios da ciência e da tecnologia para a humanidade. Mas, o que levaria as pessoas a buscarem a não ciência, mesmo sabendo que ela produz resultados falsos?

[para saber mais]

Com o intuito de aprofundar seus estudos sobre assuntos tratados neste capítulo, confira os seguintes materiais:

ALENCAR FILHO, E. de. **Iniciação à lógica matemática**. São Paulo: Nobel, 2002.

CARVALHO, S.; CAMPOS, W. **Raciocínio lógico simplificado**. Salvador: Juspodivm, 2015. v. 1 e 2.

QUILELLI, P. **Raciocínio lógico-matemático**. 3. ed. São Paulo: Saraiva, 2015.

MORTANI, C. A. **Introdução à lógica**. São Paulo: Unesp, 2001.

NEWTON-SMITH, W. H. **Lógica**: um curso introdutório. Lisboa: Gradiva, 1998.

Para saber mais

Você pode consultar as obras indicadas nesta seção para aprofundar sua aprendizagem.

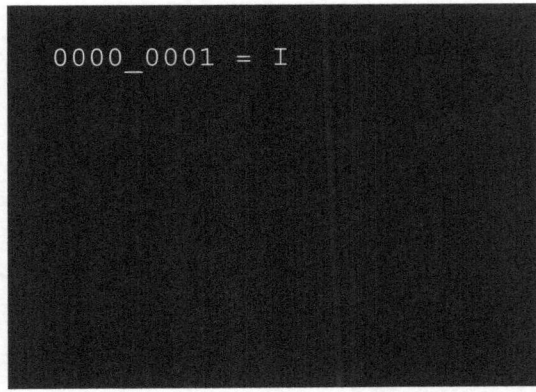

```
0000_0001 = I
```

Conteúdos do capítulo:

_ Mudanças e suas consequências.
_ A nova sociedade da informação.
_ O Brasil na sociedade da informação.

Após o estudo deste capítulo, você será capaz de:

1. perceber como as mudanças tecnológicas afetaram a forma de gerar riquezas na sociedade e mudaram a percepção do trabalho;
2. reconhecer a influência da tecnologia na sociedade e como isso determinou a estratificação desta em diferentes gerações;
3. entender a situação do Brasil na nova sociedade da informação e os desafios da gestão de recursos humanos de todas as gerações no mesmo ambiente de trabalho.

computadores_e_sociedade

Este capítulo tem um caráter introdutório e pretende apontar como a informática e os computadores provocaram transformações no modo como são geradas as riquezas ao longo do tempo, chegando a definir gerações, comportamentos e valores, bem como a influência destes na sociedade brasileira.

[A única constante é a mudança...]

A provocação reescrita de Heráclito de Éfeso* e utilizada como título deste tópico nos convida à reflexão sobre a mudança. Mas não existe novidade, afinal, ela sempre existiu, e foi uma sequência de novidades (ordenadas ou não) desde o início dos tempos que nos trouxe até aqui. Se mudança não é novidade, então qual é a novidade? A novidade que vivenciamos hoje não está na mudança, mas na velocidade com que tudo ocorre.

Estamos vivendo atualmente, muito mais do que nos tempos passados, um período revolucionário – não falamos apenas de *tecnologia*. Certamente computadores, celulares, *tablets* e internet representam importantes transformações, mas podemos perceber que estas abrangem também as esferas econômica, social, cultural, política, religiosa e até mesmo filosófica. A amplitude, a profundidade e a velocidade com que essas transformações ocorrem são tão grandes que poucas vezes na história do homem aconteceram mudanças tão significativas.

Olhando para trás, podemos identificar que a primeira grande mudança que realmente alterou os rumos da história ocorreu quando a raça humana passou de uma organização tipicamente nômade para agrícola, fixando residência, domesticando animais e formando as primeiras

---

* Heráclito nasceu em Éfeso, aproximadamente no ano 535 a.C., e foi um filósofo considerado o pensador que defendeu a ideia de que tudo flui, tudo muda o tempo inteiro, e que o fogo seria o elemento do qual deriva toda a matéria.

comunidades. Isso aconteceu há mais ou menos 10 mil anos. A segunda se verificou quando os seres humanos evoluíram de uma civilização predominantemente agrícola para outra, basicamente industrial. O início dela foi na Inglaterra, por volta de 1760, quando o trabalho deixou de ser artesanal – em que o artesão dominava todas as etapas do processo produtivo, desde a matéria-prima até a comercialização dos produtos – para se tornar um processo industrial. Nesse ponto, intensificou-se o uso de máquinas, com o desenvolvimento de novos produtos químicos, novos processos de produção do ferro e maior eficiência na utilização da energia da água e do vapor. É interessante notar, quase 300 anos depois, que essa transformação ainda ocorre hoje em várias regiões do planeta.

A terceira mudança significativa é a que está acontecendo agora. Ela teve início nos anos de 1950 nos Estados Unidos e em alguns outros países que estavam no auge do desenvolvimento industrial. O panorama dessa mudança vem sendo denominado *sociedade pós-industrial* – e mais recentemente, *sociedade da informação* –, designando uma nova forma de marcar o novo paradigma técnico-econômico.

Se observarmos bem o modo como o trabalho se constituía na sociedade industrial como resultado da Revolução Industrial, perceberemos que as relações de trabalho e capital se organizam hoje de maneira bastante diferente. Não se trata apenas da evolução do modelo da sociedade industrial, mas de novas formas de estruturação da sociedade muito mais baseadas na informação, na tecnologia e na flexibilização das organizações, o que tem permitido a rápida realização da ruptura do contrato entre capital e trabalho, os quais formavam a base da Revolução Industrial.

E como podemos ter certeza de que estamos numa outra fase? Nessa terceira mudança? É preciso entender muito bem que o que distingue um período do outro é o sistema diferente de gerar riqueza. A alteração desse modelo vem sempre acompanhada por significativas mudanças sociais, culturais, políticas e institucionais, entre outras. Assim, na primeira fase, podemos perceber que se criava predominantemente riqueza por meio do cultivo da terra; os meios de produção eram a terra, os implementos agrícolas, as sementes e o trabalho do homem, que fornecia a energia necessária para o processo produtivo. Essa organização do trabalho e de geração de riqueza representou alterações muito profundas na forma como a sociedade nômade se estruturava.

Na segunda fase, assistiu-se novamente a uma transformação no modo de gerar riqueza, o qual passou a ser a manufatura industrial e o comércio de bens. A terra perdeu importância (e valor) e as fábricas ganharam lugar. O homem começou a operar máquinas em uma fase do processo produtivo, podendo até ser substituído por robôs em operações automáticas.

Na terceira fase, o conhecimento (informação) se tornou o principal meio de gerar riqueza e fez com que os demais perdessem importância. Um exemplo claro é o desenvolvimento de tecnologia, em que empresas elaboram produtos (como é o caso da Apple) que são fabricados na China ao menor custo possível. A Apple vale milhões de dólares no mercado e a fábrica chinesa que produz o Iphone® se tornou uma *commodity** quase sem valor.

Nessa nova fase de transformações no cenário mundial, as sociedades menos industrializadas também podem se destacar. Segundo Castells (2002), esse momento apresenta as seguintes características:

— **A informação tornou-se a matéria-prima**: A sociedade industrial, baseada na matéria-prima e em *commodities* extrativistas ou agrícolas, passou a ser regida por informação e conhecimento.

— **Os efeitos das novas tecnologias têm forte penetração social**: Como a nova sociedade é baseada no conhecimento e na informação, e isso

---

* *Commodity* é a matéria-prima sem diferenciação – petróleo, milho, soja, minérios etc.

faz parte do dia a dia de qualquer pessoa, seus processos têm influência direta sobre a vida de todos, globalmente.

_ **Organização em rede**: A informação está baseada em redes (daí a força das redes sociais) e pode ser utilizada virtualmente em qualquer tipo de processo.

_ **Flexibilidade**: A informação e a tecnologia globalizadas permitem uma reconfiguração fácil e muito rápida para atender aos novos objetivos.

_ **Convergência**: Os meios tecnológicos, principalmente a microeletrônica e as telecomunicações, permitem uma interface multicanal, criando, adaptando e, mesmo, desconstruindo modelos e processos.

Um exemplo claro dessa nova fase foi a compra do *WhatsApp*© (aplicativo para troca de mensagens instantâneas via telefone celular) pelo *Facebook*© por 22 bilhões de dólares. Isso é tanto dinheiro que poderia comprar 301 das 310 empresas brasileiras que operam na Bolsa de Valores de São Paulo (Bovespa). Com essa quantia poderiam ser adquiridas, por exemplo, as empresas: Santander, BRF (Sadia & Perdigão), Souza Cruz, Pão de Açúcar, Gerdau© e American Airlines™ e todos os seus aviões ao redor do mundo. Apenas como referência, no Brasil, não seria possível comprar empresas como Petrobrás©, Vale do Rio Doce©, Banco do Brasil© e Bradesco. Imagine o que todas elas produzem de bens materiais (produtos industrializados)! Já o *WhatsApp*© não produz nenhum bem senão a troca de informações...

O foco simplista na tecnologia pode criar uma armadilha que aponta para uma visão do futuro apenas mais tecnológico, mas o cenário é mais complexo, porque essa mesma tecnologia está orientando processos e as mais diversas formas de interação entre os indivíduos. Hoje, todos conhecem os encontros de turmas e, às vezes, conflitos pessoais organizados pelo *Facebook*. A própria internet, que começou com patrocínio militar, espalhou-se pelo planeta e atualmente atende a todos os segmentos da sociedade. A clara distinção entre os que têm e os que não têm acesso à informação fez surgir o termo *exclusão digital* para caracterizar os que estão fora desse contexto e, portanto, confinados a viver no mundo pautado pela Revolução Industrial, suas fábricas e seu baixo valor na sociedade atual.

[As promessas da nova sociedade da informação]

As primeiras interações com a sociedade da informação foram marcadas por uma forte onda de automação industrial e dos setores produtivos, aliada às ideias de demissões em massa pela substituição dos trabalhadores manuais por robôs. A interação seguinte com o novo mundo aconteceu com a difusão da internet, em que se acreditava na criação de infovias globais que fariam a integração de todos os povos da Terra. Nesse contexto, talvez a consequência mais palpável sejam o ensino a distância e os treinamentos virtuais, individualizando as formas de ensinar/aprender e, ao mesmo tempo, aumentando a colaboração continuada entre grupos distantes, que antes não teriam essa possibilidade.

Se a corrida espacial frustrou a maioria que acreditava em viagens pelo universo ao alcance de todos, o desenvolvimento tecnológico parece não ter limites nem desacelerar, oferecendo possibilidades antes nunca pensadas aqui mesmo no planeta Terra. Por exemplo, comprar um brinquedo em um *site* chinês por menos de 1 dólar e recebê-lo em casa sem pagar pelo frete é uma operação real atualmente. Sem os exageros e o futurismo das primeiras interações, são hoje realidades do nosso cotidiano bibliotecas virtuais, videoconferências, *e-mails*, comércio eletrônico, trabalho a distância e um passeio virtual pelo mundo utilizando o *Google Earth* com a funcionalidade *Street View*.

Mesmo com toda essa tecnologia e seus objetivos de desenvolvimento, percebemos a criação de novas forças de exclusão a ponto de motivar a

Organização das Nações Unidas para a Educação, a Ciência e a Cultura (Unesco) a definir o Programa Informação para Todos, com o objetivo de coordenar os esforços dos países para integração das novas tecnologias em redes, levando em consideração o acesso à informação, a participação de todos na sociedade da informação e os limites éticos e legais do uso das tecnologias globais.

O homem inserido nessa sociedade começa a experimentar uma forma de viver fora do modelo de massificação das fábricas e escritórios, em que o computador permite levar o trabalho de volta para o lar, reduzindo custos e a pressão sobre o meio ambiente nas grandes metrópoles. Hoje em cidades como São Paulo, o tempo gasto no trânsito com deslocamentos pode ser utilizado de maneira produtiva com trabalho remoto, diminuindo despesas e, ainda, promovendo qualidade de vida.

[Enquanto isso no Brasil...]

O Brasil é um país enorme, o que permite a existência de vários estágios de desenvolvimento ao mesmo tempo. Atualmente, temos comunidades derrubando florestas para iniciar o plantio, outras vivendo e cultivando a terra de forma tão tradicional quanto seus antepassados e produzindo o essencial para sobreviver. Há lugares baseados em comunidades industriais e fábricas enormes e cidades inteiras construídas em torno delas. Existem ainda grupos que, das próprias residências ou de aldeias de teletrabalho, utilizam a internet e computadores de forma cotidiana para trabalhar e produzir conhecimento como forma de gerar riqueza. Assim, as três fases coexistem no mesmo país, e isso pode ser extrapolado em escala global.

Para entender melhor como os computadores mudaram a forma de gerar riqueza e também a forma atual como interagimos, trabalhamos e nos divertimos, é importante entender como pensam as gerações *baby boomers*,

X, Y, Z e Alpha sob os vários aspectos da vida. Em um contexto organizacional complexo e com relações de trabalho multifacetadas, é essencial também perceber como elas se relacionam. Diferenciar uma da outra nem sempre foi tarefa difícil, pois até bem pouco tempo as gerações eram definidas pela sucessão natural, em que filhos representavam a sequência em relação aos pais (e continuavam fazendo tudo quase igual a eles). Com a introdução da tecnologia digital, que gerou mudanças extremas de comportamento, isso se tornou bastante difícil, e não existe consenso a respeito de datas exatas para essa diferenciação. Entretanto, em linhas gerais, podemos identificar uma nova geração a cada período de 10 a 20 anos.

Podemos estratificar as gerações entre veteranos (de 1925-1945), os *baby boomers* (aquela resultante da explosão populacional após a Segunda Guerra Mundial) e as gerações X, Y, Z e Alpha. A geração X, por exemplo, pode ser definida como a dos filhos dos *baby boomers*, geralmente pessoas nascidas entre 1960 e 1980.

A geração Y, por sua vez, aparece na década de 1990, momento em que a internet e outras tecnologias trouxeram também fortes mudanças comportamentais. Começou a ser desenhada uma geração mais conectada virtualmente, cujos membros se ligam não mais pela geografia, mas por interesses comuns.

Já a geração Z (ou os "nativos digitais") pode ser percebida pela intensificação dos comportamentos da geração anterior, mas apresenta traços diferentes, como forte interesse por jogos e uso exagerado da tecnologia, o que vem provocando síndromes*

---

* *Síndrome* é uma palavra de origem grega que significa "reunião". Em medicina, é comumente utilizada para caracterizar o conjunto de sintomas, sinais e comportamentos. Não é uma doença, mas um estado/uma condição médica de um indivíduo.

como Fomo (*Fear of Missing Out**), a qual se caracteriza pela ansiedade de estar desconectado da internet.

Agora é a vez da geração Alpha, aqueles que nasceram depois de 2010, cuja característica marcante é a interação com a tecnologia desde o nascimento. Vemos que, nessa geração, nossos bebês brincam com celulares e *tablets* já no berço, e isso vai torná-los mais envolvidos com a tecnologia e com a forte valorização da diversidade e da espontaneidade.

Apesar de não ser definitiva, a Tabela 1.1 ilustra as gerações, o tempo cronológico e os fatos/as características marcantes ao longo dos últimos anos.

Tabela 1.1 – Gerações e fatos/características marcantes

Período	Geração	Fatos/características marcantes
1925-1945	Veteranos	Pautados pelas dificuldades da guerra.
1946-1964	Baby boomers	Organizados na busca dos direitos humanos e avanços sociais.
1965-1981	Geração X	Padrão de vida melhor e mais consumistas.
1980-1994	Geração Y	Balanço entre trabalho e lazer, conectados e grandes consumidores de tecnologias.
1995-2005	Geração Z	Multitarefa e totalmente conectados. Ansiosos e dinâmicos.
2005 em diante	Geração Alpha	Nascidos mais digitais do que nunca.

Fonte: Adaptado de Zuanazzi; Remonato, 2014, p. 2.

[Tudo junto e misturado]

Com o aumento da longevidade e da abreviação do tempo entre gerações, é a primeira vez na história que temos quatro delas trabalhando simultaneamente (*baby boomers*, X, Y e Z), cada uma com princípios e percepções muito diferentes, o que não significa que não sejam complementares.

---

* Em Português, "medo de ficar por fora".

Fazer todos atuarem juntos é o grande desafio dos gestores do século XXI. Dentro disso, uma das maiores tarefas está relacionada ao sistema de posições e hierarquias das empresas herdado das organizações militares, pois as novas gerações precisam de ambiente flexível e com comunicação mais dinâmica e fácil – atributos que conflitam com o contexto marcado por forte hierarquia. Vencer esse desafio e criar equipes heterogêneas e com maior diversidade será importantíssimo, pois quanto maior a diversidade, melhores as condições de competir e sobreviver em um mundo globalizado.

Para entender como tudo isso começou, vamos voltar à Grécia antiga e observar o quão interessantes eram as percepções dos filósofos daquela época e por que o pensamento deles influenciou o mundo. Trataremos disso no próximo capítulo.

[estudo de caso]

A partir da década de 1950, certos setores da economia começaram a perceber que a tecnologia estava se tornando a força motriz de muitos negócios, tendo a capacidade de alterar de forma significativa o futuro estratégico das relações na sociedade. Isso passou a acontecer em especial no setor eletrônico e computacional, e um fato interessante é que essas novíssimas tecnologias eram frequentemente criadas fora dos processos tradicionais de produção (Wright; Kroll; Parnell, 2000).

Nesse panorama, é interessante observar um tipo de inovação tecnológica denominada *tecnologia disruptiva* ou *inovação disruptiva*, que se distingue de tudo o que já foi visto no passado. O termo *disruptiva* é utilizado para descrever a inovação tecnológica (produto ou serviço) que, em vez de "revolucionário" ou "evolucionário", simplesmente torna muito rapidamente obsoleta a tecnologia dominante existente. Alguns exemplos podem ser citados; como o das câmeras digitais que substituiram as câmeras com filme; o dos Ipods/MP3 *players* substituindo a forma tradicional de distribuição de conteúdo das gravadoras; as lâmpadas de LED substituindo as fluorescentes, que, por sua vez, haviam substituídos, as lâmpadas incandescentes; o aplicativo 99 substituindo as centrais de radiotáxi etc.

O conceito vai muito além de uma nova forma de fazer velhas atividades. Assim, novos modelos são criados, como o aplicativo Uber©, que transforma um carro comum em táxi, e o *site* Airbnb© que é o maior *site* de locação de imóveis por temporada do mundo, afetando o modelo de negócio de imobiliárias e hotéis em 174 países.

O termo *tecnologia disruptiva* não é novo e foi citado pela primeira vez no artigo denominado *Disruptive Technologies: Catching the Wave*, uma publicação da revista da Escola de Negócios de Harvard (Bower; Christensen, 1995). Para tornar o termo mais inteligível, vamos citar um episódio, que ficou conhecido como **o caso da Kodak**.

Em meados de 1880, o inventor americano George Eastman criou um processo de produção de imagens em superfícies fotossensíveis e uma máquina para realizar esse processo de modo muito fácil – a partir do qual nasceu a Kodak. Em 1884, a Kodak já era um nome conhecido internacionalmente e seu *slogan* era: "Você aperta o botão e nós fazemos o resto".

O sucesso da Kodak era enorme e todos na empresa acreditavam que seus produtos e processos não poderiam ser melhorados. Em 1975, a própria Kodak inventou a câmera digital, e para não afetar seu próprio mercado de filmes, resolveu não lançar o produto, ficando fora do mercado de câmeras digitais. Esse foi seu erro fatal, pois em pouco tempo começou a perder mercado para novos competidores no mercado de câmeras digitais. A Kodak, sem um produto para competir no mercado digital e vendo o mercado de filmes acabar, teve de pedir concordata em janeiro de 2012.

Podemos listar ao menos **quatro erros capitais** da Kodak:

1. **Ignorar as mudanças do mercado**: Desde o início dos anos 1990 estava claro que o filme fotográfico iria acabar, mas a Kodak negou essa realidade e manteve seu modelo de negócio.
2. **Hesitar ao adotar novas tecnologias**: A primeira câmera digital foi desenvolvida pela própria Kodak em 1975, mas a empresa não considerou participar desse mercado. Quando tentou se reposicionar, o mercado já estava tomado pelos concorrentes.
3. **Desprezar a inovação**: A Kodak sempre investiu em pesquisas, mas a maioria das suas patentes nunca se transformaram em produtos.
4. **Falta de agilidade nas decisões**: A empresa não teve agilidade para se reorganizar, o que atrasou as mudanças na estratégia da organização.

Esse caso mostra que a liderança de hoje não é garantia de liderança amanhã. Além disso, os novos produtos voltados a uma fatia marginalizada do mercado podem produzir a demanda necessária para suportar um serviço que não existia anteriormente.

[síntese]

Para iniciarmos a síntese deste capítulo, citamos um clássico da literatura: *A terceira onda*, de Alvin Toffler, que ganhou fama mundial por ordenar de forma bastante clara os movimentos de transformação e mudanças em nossa sociedade. Vimos a evolução de uma sociedade agrícola, passando por uma organização industrial e chegando à sociedade do conhecimento. A amplitude e a profundidade das mudanças foram tão grandes que hoje o conhecimento e a inovação passaram a ser os ativos mais valiosos. Nesse novo cenário, é mais importante distribuir os meios de troca de informações do que, por exemplo, investir na infraestrutura viária. Isso é muito claro se comparamos os investimentos em rodovias com os investimentos em infovias (redes de fibra ótica, redes de telefonia celular, tecnologia 3G e 4G).

A fim de tirar o máximo proveito de toda essa tecnologia, as pessoas também mudaram, as gerações mudaram e acabamos definindo de forma muito clara as gerações X, Y, Z como tendo hábitos digitais completamente diferentes. Percebemos que a questão tecnológica é um fator tão importante que é utilizada como referência para definir e distinguir duas gerações de pessoas.

Inegavelmente, você é parte dessa aldeia global, desse mundo conectado e vibrante onde ideias e pessoas interagem de múltiplas formas, gerando conhecimento, produzindo resultados e associando valor financeiro a esses resultados de forma quase instantânea. E tudo isso só acontece por causa da tecnologia que nos conecta.

[questões para revisão]

1. Heráclito de Éfeso e Pitágoras tinham a característica de pensar acerca de uma explicação racional e sistemática sobre a origem, a ordem e a transformação da natureza, maneira pela qual a filosofia também explicaria a origem e as mudanças dos seres humanos. Com base nesse enunciado, marque as afirmativas como verdadeiras (V) ou falsas (F):

    ( ) A filosofia busca a verdade absoluta e tem a capacidade de descrever todas as coisas tangíveis existentes no planeta Terra.

    ( ) Os filósofos da Antiguidade tinham conhecimento bastante limitado da ciência, razão por que essa filosofia não pode ser aplicada nos dias de hoje.

( ) Os argumentos filosóficos da Antiguidade eram imprecisos e falhavam se confrontados com os princípios da ciência daquela época.

( ) Os pensadores da Antiguidade tinham conceitos bastante claros e, apesar do limitado conhecimento científico, foram eles que lançaram as bases do pensamento moderno.

( ) Os filósofos Antigos procuravam desenvolver uma forma lógica de criar um "cérebro eletrônico", que posteriormente viria a ser denominado *computador*.

Assinale a alternativa que apresenta a sequência correta:

a. F, V, V, V, F.

b. V, F, V, F, F.

c. F, F, F, V, F.

d. V, V, V, F, F.

e. V, F, F, V, V.

2. Segundo Cummins, Brown e Sayers (2007), os *baby boomers* compreendem os nascidos entre 1943 e 1960; a geração X, entre 1960 e 1980; a geração Y, entre 1980 e 2000; e a geração Z, depois do ano 2000. Considerando essa divisão, marque as afirmativas como verdadeiras (V) ou falsas (F):

( ) A geração X viveu os horrores da guerra, por isso os integrantes dela são leais à empresa e pouco adeptos às mudanças.

( ) A Guerra Fria teve impactos profundos na maneira de pensar e viver da geração X, o que não ocorreu tanto com a geração Y.

( ) A geração X não tem apego às empresas e desafia as regras para atingir o resultado a qualquer custo.

( ) A caracterização de comportamentos semelhantes associados às gerações não é um critério válido para estudos sobre a sociedade, as empresas e as relações de trabalho.

( ) A geração Y é digitalmente conectada à internet, muito colaborativa e também bastante alienada dos fatos do dia a dia. Seus integrantes não gostam de trabalhar e também reagem negativamente à autoridade estabelecida.

Assinale a alternativa que apresenta a sequência correta:

a. F, V, F, F, F.

b. V, F, V, F, V.

c. F, F, V, V, F.

d. V, V, V, V, F.

e. F, F, F, F, V.

3. A geração Y não tem muita paciência e está habituada a um mundo de mobilidade, simultaneidade e velocidade. A regra para eles é "tudo

agora, já e ao mesmo tempo, tudo junto e misturado". Baseado nesse enunciado e considerando as outras gerações, marque as afirmativas como verdadeiras (V) ou falsas (F):

( ) As pessoas da geração Y são mais conectadas, usam a tecnologia de forma melhor e mais produtiva, são mais eficientes e mais orientadas a resultados de longo prazo.

( ) Os conflitos de geração sempre existiram e podem ser encarados com naturalidade e como um simples processo de evolução da sociedade.

( ) Os nascidos digitais são a geração Z e lidam com a tecnologia de maneira muito mais natural, por isso acabam por desconhecer os riscos e, muitas vezes, compartilham conteúdo de forma insegura.

( ) A geração Z é muito criativa e compartilha informação muito rapidamente. Quando chegarem ao mercado de trabalho, os integrantes dela vão provocar o caos no ambiente corporativo.

( ) O conflito de gerações existe hoje porque nunca na história da humanidade tivemos tantas gerações simultaneamente nas empresas.

Assinale a alternativa que apresenta a sequência correta:

a. V, V, F, V, V.

b. F, V, F, V, F.

c. F, F, V, F, F.

d. V, V, F, V, F.

e. F, F, F, F, V.

4. A ideia do cérebro eletrônico (ou computador) ou de uma máquina que possa imitar o pensamento humano é bastante antiga. Como você acredita que o pensamento lógico e a disciplina de lógica colaboraram com esse objetivo?

5. Os seres humanos têm capacidades intelectuais bastante sofisticadas se comparados aos mais modernos computadores. No entanto, cada pessoa é um agrupamento de átomos de carbono, oxigênio e hidrogênio (entre outros), os quais não apresentam nenhuma das características humanas, como emoção, inteligência, sentimentos etc. Todavia, o conjunto de milhões desses átomos inanimados forma uma pessoa com características muito particulares. Seguindo esse raciocínio, segundo o qual o conjunto das partes tem características distintas daquelas que o formam, será que a internet, formada pela conexão de milhares de computadores (que seriam como os átomos), não poderia dar origem a alguma "coisa viva", com características distintas das partes individuais?

[questões para reflexão]

1. Fernando Pessoa escreveu: "O universo não é ideia minha. A minha ideia do universo é que é ideia minha" (Theron, 2008). Como você se sente com essa afirmação?

2. José Ortega y Gasset propôs a teoria de que a técnica e a tecnologia não atendem à necessidade animal de sobreviver, mas à aspiração humana de viver bem. Isso tem como consequência que a técnica visa não ao necessário, mas ao supérfluo, em relação ao "natural" (Cupani, 2016). O que você pensa dessa afirmação?

[para saber mais]

Se você deseja se aprofundar em alguns termos e algumas questões tratados neste capítulo, não deixe de assistir aos vídeos do NIC.BR – Comitê Gestor da Internet Brasil. São eles:

NICBRVÍDEOS. **A internet das coisas, explicada pelo NIC.br**. 16 ul. 2014. Disponível em: <https://www.youtube.com/watch?v=jIkvzcG1UMk>. Acesso em: 6 set. 2016.

NICBRVÍDEOS. **Como funciona a internet?** Parte 4: Governança da internet. 12 set. 2014. Disponível em: <https://www.youtube.com/watch?v=ZYsjMEISR6E&list=PLOJJrpFkn9JANRUbetyOH_nOazAwYQdX5>. Acesso em: 6 set. 2016.

NICBRVÍDEOS. **O que é IPv6, em português claro**. 7 jan. 2014. Disponível em: <https://www.youtube.com/watch?v=_JbLr_C-HLk>. Acesso em: 6 set. 2016.

```
0000_0010 = II
```

Conteúdos do capítulo:

_ A descoberta da lógica no mundo antigo.
_ A ideia da lógica proposicional.
_ Estruturas lógicas e operadores lógicos.

Após o estudo deste capítulo, você será capaz de:

1. indicar as etapas da evolução do pensamento humano desde os tempos da Grécia antiga até os dias de hoje;
2. reconhecer uma proposição e suas características básicas;
3. aplicar as leis fundamentais do pensamento a um conjunto de proposições, considerando as premissas do pensamento lógico;
4. usar os conectores lógicos na associação de proposições lógicas, organizando raciocínios lógicos;
5. aplicar os conceitos fundamentais da teoria da lógica e do pensamento lógico nas atividades cotidianas e em suas relações com a forma de funcionar dos computadores modernos e da sociedade da informação.

lógica_
proposicional

A busca da verdade e do pensamento que conduza diretamente às conclusões certas, corretas e verdadeiras constitui um anseio do ser humano há muitos e muitos anos. A ideia de criar uma máquina para reproduzir o pensamento humano também não é nova. A disciplina de Lógica e seu entendimento são percebidos como agentes capazes de dar suporte a essas duas necessidades tão antigas da humanidade.

[O que é lógica?]

A *lógica* é a parte da filosofia e da matemática que busca o conhecimento da verdade por meio de operações intelectuais. Não por acaso, esse é exatamente o sentido corriqueiro da palavra – que está relacionada à coerência e à racionalidade. Ela vem do grego *logos*, que pode ser traduzida como "razão", "discurso". O uso da lógica permite a formulação de raciocínios coerentes, a fim de tentar evitar erros e entender as proposições com maior clareza.

O estudo da lógica é muito antigo. O filósofo grego Aristóteles (384 a.C.- 322 a.C.) foi quem o sistematizou e definiu suas bases como conhecemos hoje. Para entender melhor o funcionamento dos computadores (máquinas lógicas), vamos seguir a evolução da lógica ao longo do tempo, desde Aristóteles até os computadores modernos com sistemas de inteligência artificial.

[Lógica proposicional]

Uma forma bastante interessante de tentar colocar ordem no pensamento é a lógica das proposições (ou lógica proposicional). Mas o que é uma proposição? **Proposição é uma oração declarativa que pode ser classificada unicamente como verdadeira ou falsa.** A definição é simples, mas é necessário entender bem o significado dela. Desse modo, podemos definir *proposição* da seguinte forma:

- **Uma oração**: Significa que se trata de uma sentença que apresenta estrutura linguística completa, ou seja, sujeito, verbo e predicado.
- **Declarativa**: Significa que a oração faz uma declaração sobre um fato ou situação. Não pode ser uma pergunta (oração interrogativa) nem uma sentença exclamativa ou imperativa (que expressa ordem).
- **Unicamente verdadeira ou falsa**: As proposições podem ser univocamente classificadas em verdadeiras ou falsas. Também não dependem de condições externas ou de terceiros para tal.

Com base nesse conceito, é fácil afirmar que toda proposição é uma sentença, mas nem toda sentença é uma proposição. Observe alguns exemplos:

- **Pare. Escute. Olhe.** (Trata-se de uma sentença imperativa, portanto, não é uma proposição)
- **Quer tomar uma xícara de chá?** (É uma sentença interrogativa, portanto, também não é uma proposição)
- **x + 4 = 6** (É uma sentença declarativa, mas também não é uma proposição porque não pode ser classificada como verdadeira ou falsa, pois, dependendo do valor de (x), será uma coisa ou outra)
- **A lua é um satélite natural da Terra.** (A frase é uma proposição, pois é declarativa e pode ser unicamente classificada como verdadeira)
- **Curitiba é a capital do Estado do Paraná.** (Essa também é uma proposição, pois é declarativa e pode ser univocamente classificada como verdadeira)
- **O número 1024 é ímpar.** (Igualmente é uma proposição, é declarativa e pode ser univocamente classificada como falsa)

É importante lembrar que o objetivo do estudo da lógica é dar boa ordem ao pensamento, e que este, desenvolvido de forma "correta", leva à verdade. Existem três leis que regem os pensamentos em boa ordem, denominadas *leis do pensamento*. São elas:

1. **Princípio de identidade**: Demonstra que uma proposição é idêntica a si mesma e sempre verdadeira. Mesmo que essa primeira lei pareça muito óbvia, ninguém pode negar que tem bastante "lógica". Em outras palavras, se uma proposição é verdadeira, então ela é verdadeira.
2. **Princípio da contradição**: Estabelece que nenhuma proposição pode ser verdadeira e falsa ao mesmo tempo. "Marcos é engenheiro" e "Marcos não é engenheiro" não podem ser ambas verdadeiras (ou ambas falsas) ao mesmo tempo. Uma proposição é verdadeira ou falsa, nunca os dois atributos simultaneamente.
3. **Princípio do terceiro excluído**: Destaca que uma proposição ou é verdadeira ou é falsa, não cabe nenhuma terceira opção.

Esses princípios foram criados para tentar estruturar de maneira coerente o raciocínio humano, visto que um pensamento em boa ordem pode nos levar de forma lógica à verdade.

As leis do pensamento são importantes aliados nas questões do dia a dia para identificar absurdos lógicos, como enunciados de questões de provas do tipo "Assinale a opção mais correta". Segundo as leis do pensamento, não existe opção "mais correta" ou "mais errada", "mais verdadeira" ou "mais falsa", e muito menos os dois estados ao mesmo tempo.

Além dessas três leis, a lógica aristotélica apresenta três conceitos básicos para conectar as proposições:

1. **Premissas**: São afirmações que apresentam as razões que dão sustentação a uma proposição. Elas suportam a conclusão da sequência lógica de proposições.

2. **Inferência**: É uma operação lógica que conecta algumas premissas e permite afirmar (ou negar) uma proposição.
3. **Argumento**: É uma sequência de premissas conectadas por inferências e que apresentam as razões para sustentar uma conclusão.

A simples conexão de proposições, mesmo que verdadeiras, pode levar a resultados absurdos, o que reforça a ideia de que a forma de conexão das proposições é importante. Vejamos alguns exemplos com base nas Figuras 2.1, 2.2 e 2.3.

Figura 2.1 – Combinação de duas proposições para gerar uma conclusão

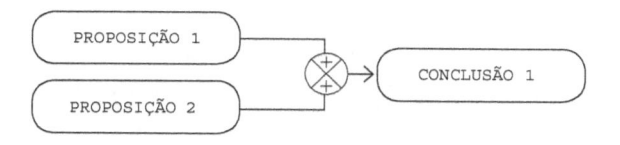

```
PROPOSIÇÃO 1
PROPOSIÇÃO 2   →   CONCLUSÃO 1
```

Seguindo a ideia de associarmos duas proposições para chegar a uma conclusão, vejamos o que mostra a Figura 2.2.

Figura 2.2 – Combinação de duas proposições verdadeiras

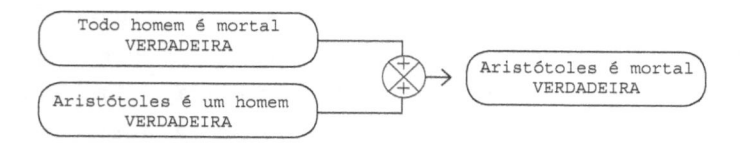

```
Todo homem é mortal
VERDADEIRA
Aristóteles é um homem   →   Aristóteles é mortal
VERDADEIRA                    VERDADEIRA
```

Nesse exemplo, duas proposições verdadeiras foram combinadas gerando uma conclusão também verdadeira. Mas é importante tomar cuidado com a associação simples de proposições, pois os resultados podem não ser verdadeiros. Veja na Figura 2.3 o exemplo da combinação.

Figura 2.3 – Combinação de duas proposições verdadeiras com resultado falso

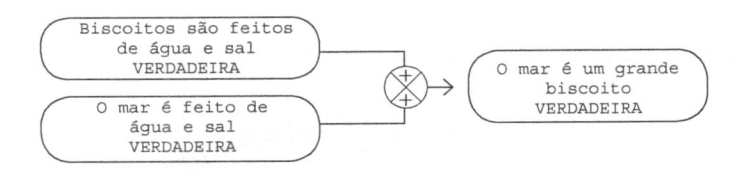

```
┌─────────────────┐
│ Biscoitos são feitos │
│   de água e sal  │──┐
│    VERDADEIRA    │  │    ┌───┐    ┌─────────────────┐
└─────────────────┘  ├──→│ ⊗ │──→│ O mar é um grande│
┌─────────────────┐  │    └───┘    │     biscoito    │
│ O mar é feito de │──┘             │    VERDADEIRA   │
│    água e sal    │               └─────────────────┘
│    VERDADEIRA    │
└─────────────────┘
```

O exemplo da Figura 2.3 ilustra como duas proposições verdadeiras foram combinadas para gerar uma conclusão falsa, mesmo utilizando um raciocínio válido. Esse tipo de situação gera uma **falácia**, que é uma conclusão não verdadeira baseada em premissas assumidas como tais, mas que sob uma análise lógica mais criteriosa não o seriam e configuram um erro de construção lógica. Os biscoitos não são feitos somente de água e sal, portanto, essa proposição é falsa. Assumi-la como verdadeira e utilizá-la em uma configuração de operação lógica válida leva a uma conclusão absurda e, assim, falsa. Note que, se aplicado corretamente, o método produz uma conclusão falsa, o que tem coerência.

[Estruturas lógicas]

Avaliar se uma proposição isolada é verdadeira ou falsa é bastante simples, mas o pensamento humano é geralmente formado por uma estrutura complexa composta por várias (milhares ou milhões) proposições simples conectadas basicamente por cinco operadores conectivos diferentes. São eles:

1. E;
2. OU;
3. SE ENTÃO;
4. SE E SOMENTE SE;
5. NÃO.

Na Figura 2.4, é possível observar como se organiza o pensamento humano baseado em proposições.

Figura 2.4 – Organização do pensamento humano em proposições

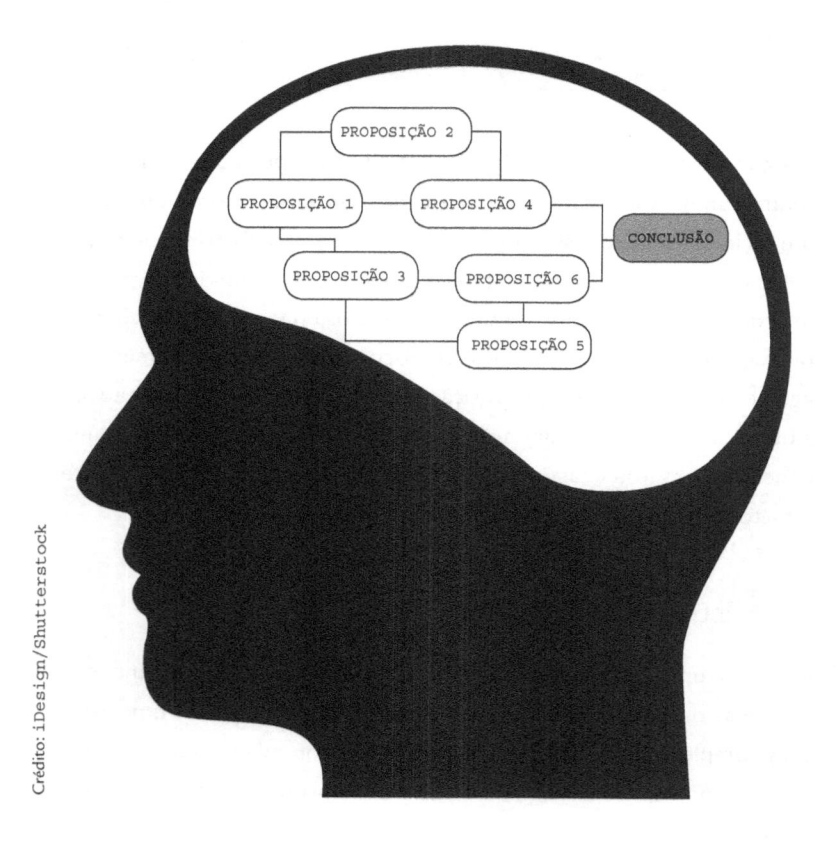

Crédito: iDesign/Shutterstock

Considerando esses aspectos, percebemos que nossas conclusões são o resultado de um ordenamento lógico de nossos pensamentos (proposições) e dependem não somente do estado verdadeiro ou falso de cada um deles, mas também da forma como são conectados. Os mesmos pensamentos agrupados de forma diferente podem resultar em conclusões distintas. Vamos, agora, detalhar os operadores conectivos.

Operador lógico E

Segundo as leis fundamentais do pensamento, uma proposição pode ter apenas um dos dois estados, a saber: verdadeiro ou falso. Mas como seria o resultado da combinação de duas proposições conectadas pelo operador lógico E? Para entender de que forma isso ocorre, é necessário avaliar individualmente cada uma. Vamos montar todos os valores possíveis em uma tabela e ver como funciona a combinação de proposições usando o conector lógico E, também chamado de *conjunção*.

É interessante lembrar que o mapeamento do raciocínio humano em proposições e a combinação delas foram um modo encontrado para tentar mapear o pensamento humano na busca da verdade. Exatamente por essa razão o instrumento que organiza todas as possibilidades da combinação de duas (ou mais) proposições é denominado de *tabela-verdade*, mostrada na Tabela 2.1.

Tabela 2.1 – Tabela-verdade do operador E (conjunção)

Proposição 1	Proposição 2	Resultado
FALSA	FALSA	FALSA
FALSA	VERDADEIRA	FALSA
VERDADEIRA	FALSA	FALSA
VERDADEIRA	VERDADEIRA	VERDADEIRA

Assim, observando a tabela-verdade do conector E, podemos facilmente identificar que a conjunção de duas proposições somente será verdadeira se ambas forem verdadeiras. Um exemplo bem simples pode ser feito usando a seguinte proposição: "No seu aniversário você ganhará um *skate* E uma bicicleta". Tente imaginar a única condição em que a criança vai considerar a promessa cumprida. Somente quando receber os dois presentes, ou seja, apenas quando as duas proposições (*skate* e bicicleta) forem verdadeiras.

Trazendo o mesmo raciocínio para os circuitos elétricos, podemos expressar a função lógica E pelo circuito ilustrado na Figura 2.5. Nesse exemplo, vamos considerar as chaves A e B como sendo as proposições 1 e 2, e seus estados verdadeiro e falso representados pelos números 1 (chave fechada) e 0 (chave aberta). De igual forma, a lâmpada acesa significa resultado verdadeiro, e apagada, resultado falso.

Figura 2.5 – Circuito elétrico representativo da função E

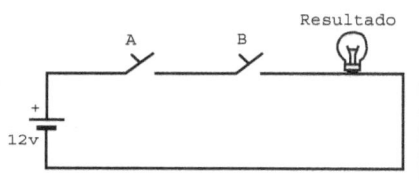

A	B	Resultado
0	0	0 apagada
0	1	0 Apagada
1	0	0 Apagada
1	1	1 Acesa

Levando-se em conta as analogias definidas anteriormente, percebe-se que o circuito elétrico da Figura 2.5 reproduz o comportamento da tabela-verdade do conector lógico E (conjunção).

O mesmo raciocínio foi mantido nos circuitos eletrônicos digitais dos computadores modernos. A CPU de um computador desenvolvida para ser o cérebro eletrônico é construída por uma quase infinidade de dispositivos lógicos, chamados de *portas lógicas*. Uma delas é a porta lógica E (em inglês, *AND*) que apresenta exatamente a mesma tabela-verdade, conforme é possível observar na Figura 2.6.

Figura 2.6 – Circuito lógico da função E e sua tabela-verdade

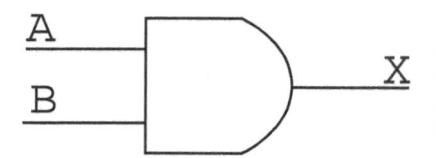

A	B	X
0	0	0
0	1	0
1	0	0
1	1	1

Operador lógico OU

Seguindo o mesmo princípio do operador E (conjunção), como seria a tabela-verdade do operador lógico OU (também conhecido como *disjunção*)? A Tabela 2.2 apresenta todas as possibilidades de duas proposições (tabela-verdade).

Tabela 2.2 – Tabela-verdade do operador lógico OU

Proposição 1	Proposição 2	Resultado
FALSA	FALSA	FALSA
FALSA	VERDADEIRA	VERDADEIRA
VERDADEIRA	FALSA	VERDADEIRA
VERDADEIRA	VERDADEIRA	VERDADEIRA

No caso do operador lógico OU, podemos facilmente verificar que a disjunção das proposições 1 OU 2 será verdadeira quando qualquer uma delas (ou as duas) for verdadeira. A tabela-verdade ilustra bem o comportamento desse operador lógico. O mesmo raciocínio aplicado aos circuitos elétricos está representado na Figura 2.7.

Figura 2.7 – Circuito elétrico representativo do operador lógico OU (disjunção)

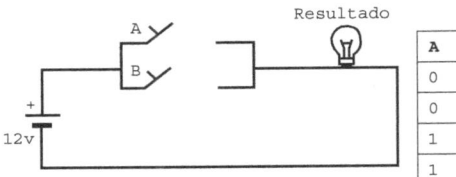

A	B	Resultado
0	0	0 apagada
0	1	1 Acesa
1	0	1 Acesa
1	1	1 Acesa

Nesse circuito, representando as proposições 1 e 2 pelas chaves A e B e o resultado pelo estado da lâmpada (apagada ou acesa), veremos que a lâmpada ficará acesa se qualquer uma das chaves (ou as duas) estiver fechada. O comportamento desse operador lógico está descrito na tabela-verdade da Figura 2.8.

A mesma ideia foi criada nos circuitos lógicos digitais, criando a porta lógica OU (em inglês, *OR*), que apresenta o símbolo e a tabela-verdade descritos na Figura 2.8.

Figura 2.8 – Operador lógico OU e tabela-verdade

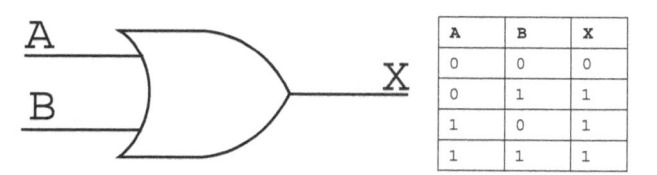

A	B	X
0	0	0
0	1	1
1	0	1
1	1	1

Em resumo, utilizando-se o conector OU, o resultado será verdadeiro se qualquer uma (ou as duas) das proposições for verdadeira, e somente será falso se ambas forem falsas.

Operador lógico SE ENTÃO

O conector lógico SE ENTÃO é um pouco mais complexo que os dois anteriores e também é chamado de **condicional** ou **implicação**, pois exprime uma condição na relação entre as proposições. Novamente, para entendermos melhor o comportamento desse conector, vamos montar a tabela-verdade (Tabela 2.3), que contém todas as possibilidades das proposições 1 e 2. A fim de simplificar o raciocínio, usaremos as seguintes proposições: **Se** Mariana é curitibana, **então** ela é paranaense.

Tabela 2.3 – Tabela-verdade do conector SE ENTÃO

Proposição 1	Proposição 2	Resultado
Curitibana (F)	Paranaense (F)	VERDADEIRA
Curitibana (F)	Paranaense (V)	VERDADEIRA
Curitibana (V)	Paranaense (F)	FALSA
Curitibana (V)	Paranaense (V)	VERDADEIRA

Vamos entender um pouco mais as proposições e a relação entre elas usando o conector SE ENTÃO. Para analisar a tabela-verdade, temos duas proposições: Mariana é curitibana; e Mariana é paranaense. A verdadeira está assinalada com símbolo (V), e a falsa, com o símbolo (F). A seguir, uma análise de cada uma das linhas:

1ª linha: SE Mariana não é curitibana, ENTÃO ela pode não ser paranaense. Essa é uma afirmação verdadeira, pois, por exemplo, quem nasceu em Belo Horizonte não é curitibana e também não é paranaense.

2ª linha: SE Mariana não é curitibana, ENTÃO ela pode ser paranaense. Essa também é uma afirmação correta. Imaginemos que Mariana nasceu em Londrina, portanto, ela não é curitibana, mas é paranaense.

3ª linha: SE Mariana é curitibana, ENTÃO ela não é paranaense. Essa afirmação é falsa, pois sabemos que todo curitibano é paranaense.

4ª linha: SE Mariana é curitibana, ENTÃO ela é paranaense. Essa afirmação é verdadeira, pois todos os curitibanos são também paranaenses.

Observando a tabela-verdade, vemos que o uso do conector SE ENTÃO é sempre verdadeiro, a menos que a primeira proposição seja verdadeira e a segunda, falsa.

■ Operador lógico SE E SOMENTE SE

Esse é um conector **bicondicional**. Com um olhar mais atento, podemos perceber que é, na essência, o operador SE ENTÃO aplicado nos dois sentidos, ou seja, da proposição A para a proposição B e vice-versa. A tabela-verdade pode ser escrita como ilustra a Tabela 2.4.

Tabela 2.4 – Tabela-verdade do conector SE E SOMENTE SE

Proposição 1	Proposição 2	Resultado
FALSA	FALSA	VERDADEIRA
FALSA	VERDADEIRA	FALSA
VERDADEIRA	FALSA	FALSA
VERDADEIRA	VERDADEIRA	VERDADEIRA

Haverá duas situações em que o conector bicondicional será verdadeiro: quando ambas as proposições forem verdadeiras ou ambas forem falsas; nos demais casos, o resultado será falso.

Esse operador também recebe o nome de "OU-EXCLUSIVO", sendo uma variação interessante do operador OU que resulta em **verdadeiro** se apenas um dos valores de entrada for **verdadeiro**, ou seja, apenas se os valores de entrada forem **diferentes**.

A seguir, podemos ver o operador lógico da função SE E SOMENTE SE e sua tabela verdade.

Figura 2.9 – Porta lógica SE E SOMENTE SE e sua tabela verdade

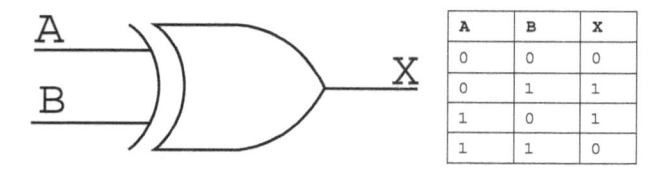

A	B	X
0	0	0
0	1	1
1	0	1
1	1	0

■ Operador lógico NÃO

Uma função bastante importante em lógica é a **negação**, ou seja, o operador NÃO. Ele faz uma proposição verdadeira se tornar falsa e vice-versa. A tabela-verdade é bastante simples, como ilustra a Tabela 2.5.

Tabela 2.5 – Tabela-verdade do operador NÃO

Proposição 1	Resultado
FALSA	VERDADEIRA
VERDADEIRA	FALSA

A representação lógica do operador NÃO (em inglês, *NOT*) e sua tabela-verdade estão presentes na Figura 2.10.

Figura 2.10 – Operador lógico NÃO e sua tabela-verdade

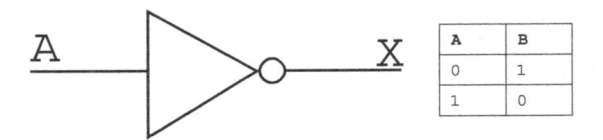

A	B
0	1
1	0

Em eletrônica, as portas lógicas de qualquer tipo são acondicionadas em circuitos integrados (CI). O operador não pode ser aplicado a proposições isoladamente ou a um conjunto de proposições, mas seu funcionamento é sempre da mesma maneira.

[estudo de caso]

Embora pareça que todo raciocínio é "naturalmente lógico", muitas pessoas encontram enorme dificuldade em resolver problemas de lógica proposicional. Para entender melhor esses problemas, fazer as perguntas certas ajuda bastante. Vejamos a história a seguir.

Sócrates, o filósofo, estava em viagem por um reino distante e encontrou apenas duas aldeias, uma grande e outra pequena. O filósofo não falava muito bem a língua local e os aldeões não entendiam muito bem o grego, de modo que conseguiam apenas responder com as palavras *gwirionedd* e *gorwedd*, que significavam SIM e NÃO na língua local. Todavia, Sócrates não estava certo qual palavra tinha qual significado. Ele sabia que os moradores da aldeia menor **sempre** diziam a verdade e que os moradores da aldeia maior **sempre** mentiam. Caminhando por esse reino, encontrou um casal acompanhado por um jovem. Dirigindo-se ao jovem, Sócrates perguntou:

— Jovem, é a aldeia deste homem maior do que a desta mulher?

O jovem respondeu:

...da filosofia às linguagens de programação_

— *Gwirionedd*.

Sócrates então perguntou:

— E a tua aldeia, é maior que a deste homem?

— *Gwirionedd* — respondeu o jovem.

— E você, é da aldeia maior? — indagou Sócrates.

— *Gorwedd* — respondeu o jovem.

Qual foi a conclusão de Sócrates?

a. O jovem diz a verdade, o homem é da aldeia grande, a mulher é da aldeia grande.

b. O jovem mente, o homem é da aldeia grande, a mulher é da aldeia pequena.

c. O jovem mente, o homem é da aldeia pequena, a mulher é da aldeia pequena.

d. O jovem diz a verdade, o homem é da aldeia pequena, a mulher é da aldeia pequena.

e. O jovem mente, o homem é da aldeia grande, a mulher é da aldeia grande.

Esse é um típico problema de lógica proposicional que trata de verdade e mentira (ou verdadeiro e falso). A primeira ação é identificar se as proposições são verdadeiras ou falsas. A terceira pergunta de Sócrates teve esse objetivo. Vamos trabalhar com duas hipóteses para a resposta.

— E você, é da aldeia maior?

— *Gorwedd* — respondeu o jovem.

Se o jovem é da aldeia pequena → Diz a verdade → *Gorwedd* significa SIM.

Se o jovem é da aldeia grande → Mente → *Gorwedd* significa SIM.

Se ele é da aldeia pequena, responde NÃO, e esse "não" é a verdade; se é da aldeia grande, responde NÃO, e esse "não" é mentira. Mas perceba que ele responde "não" para ambas as perguntas, logo, podemos concluir que *gorwedd* significa SIM e *gwirionedd* significa NÃO.

Vamos agora analisar as demais perguntas. Voltemos à primeira:

— Jovem, é a aldeia deste homem maior do que a desta mulher?.

O jovem responde:

— *Gorwedd* (que agora sabemos que significa SIM).

Ainda não sabemos se ele fala a verdade ou mente, pois isso depende da aldeia de origem do jovem. Agora, vamos formular mais duas hipóteses:

Primeira hipótese – Se ele diz a verdade (SIM), então o homem é da aldeia grande, e a mulher, da aldeia pequena.

Segunda hipótese – Se ele mente e responde SIM, então o homem é da aldeia pequena, e a mulher, da aldeia grande.

Vamos à segunda pergunta:

— E a tua aldeia, é maior que a deste homem?.

O jovem responde: *Gorwedd* (que agora sabemos que significa SIM).

Formulando mais uma hipótese:

Se ele fala a verdade, o jovem seria da aldeia grande, e o homem, da aldeia pequena.

Como temos apenas duas aldeias, não é possível que a aldeia do jovem seja maior que a do homem, e a aldeia do homem seja maior que a da mulher. Logo, as afirmações o jovem respondeu SIM para as duas primeiras perguntas e que o jovem mente, portanto ele é da aldeia grande (que sempre mente).

Logo, as afirmações às quais o jovem respondeu são falsas. Portanto, ele mentiu nas suas respostas, o que nos permite afirmar que o jovem e a mulher são ambos da aldeia grande (cujos habitantes sempre mentem).

[síntese]

Desde muito antigamente, o homem tem se movido pela busca da verdade. Entre os filósofos da Antiguidade, foi Aristóteles quem melhor organizou a disciplina da Lógica como forma de dar boa ordem ao pensamento humano e, portanto, conduzi-lo na forma "correta" de pensar, o que o levaria à verdade.

A unidade essencial do pensamento foi caracterizada como uma proposição, uma sentença afirmativa que pode ser classificada como verdadeira ou falsa. A organização das proposições segue as três leis do pensamento, a saber:

1. Se uma proposição é verdadeira, então ela é verdadeira;
2. Uma proposição somente pode ser verdadeira ou falsa, nunca os dois ao mesmo tempo;
3. Uma proposição somente pode assumir os valores verdadeiro ou falso e não admite um terceiro estado.

Baseados nessas três leis e na ideia de que um raciocínio é uma sequência lógica de proposições conectadas, foram desenvolvidos os conectores lógicos E, OU, SE ENTÃO, SE E SOMENTE SE e NÃO. Cada um deles combina proposições de acordo com certas regras, estabelecidas nas respectivas tabelas-verdade.

Ao considerar que o modelo de proposições verdadeiras e falsas ligadas por seus conectores lógicos representa o pensamento humano, o homem deu enorme passo na busca da verdade, mas também permitiu criar uma máquina que imitasse o raciocínio humano. Os conceitos verdadeiro e falso podem ser facilmente traduzidos em presença ou ausência de tensão elétrica, o que cria os *bits*, unidade essencial da computação moderna.

Dominar os fundamentos da disciplina de Lógica é essencial para compreender a maneira como os computadores operam, para que possamos interagir com as máquinas de forma estruturada e essencialmente lógica.

[exercícios resolvidos]

O objetivo das questões comentadas é fazer uma reflexão sobre os temas apresentados neste capítulo. Procure acompanhar o raciocínio lógico adotado para a solução de cada uma delas.

1. Qual é o quinto elemento da série numérica 8, 12, 24, 60?
a. 56.
b. 68.
c. 91.
d. 134.
e. 168.

Resposta: A primeira coisa a se fazer em um exercício de lógica sequencial é avaliar se a série é crescente, decrescente ou alternada. Nesse exercício, ela é claramente crescente, por isso vamos tentar aplicar operações como soma, produto ou potência. Observando o primeiro intervalo entre 8 e 12, percebemos um incremento de 4; entre 12 e 24, um incremento de 12 (3 × 4); e entre 24 e 60, um incremento de 36 (3 × 12). Fica claro, então, que a lógica de formação é de 3 vezes o valor entre as parcelas. Aplicando a regra teremos:

(4 × 3) + 12 = 24
(12 × 3) + 24 = 60
(36 × 3) + 60 = **168 (alternativa "e")**

2. Mantida a lei de formação da seguinte sequência numérica: 1, 3, 5, 2, 7, 9, 11, 4, 13, 15, 17, 6, 19, 21, 23, 8, qual é o próximo número?
a. 25.
b. 37.
c. 27.
d. 15.
e. 5.

Resposta: Novamente, a primeira coisa a ser feita é avaliar se a série é crescente, decrescente ou alternada. Nesse exercício, ela é claramente alternada, por isso devemos procurar por agrupamentos de números pares e ímpares, verificar se a subtração ou a soma de um número com o anterior/posterior fornece ou sugere alguma relação lógica. Muitas vezes, a sequência é apenas um agrupamento, e não necessariamente segue critérios matemáticos. Observando a série mais de perto, vejamos como podemos associá-la.

1, 3, 5, **2**, 7, 9, 11, **4**, 13, 15, 17, **6**, 19, 21, 23, **8**...

Com esse agrupamento, a resposta ficou bem simples: **25 (alternativa "a")**.

3. (Vunesp – 2013) Um total de 11 indivíduos moram distribuídos em no máximo cinco casas. Considere que pode haver casas sem indivíduos morando e que cada indivíduo mora em apenas uma única casa. Pode-se afirmar necessariamente sobre essa situação que:
a. Todos moram em uma única casa.
b. Há uma casa em que ninguém mora.
c. Há uma casa com pelo menos três indivíduos morando.
d. Há uma casa com exatamente cinco indivíduos morando.
e. Há indivíduos morando em todas as casas.

Resposta: Nesse tipo de questão, o entendimento gráfico ajuda bastante. Vamos fazer um exercício de alocação dos indivíduos nas cinco casas.

Figura 2.11 – Alocação de indivíduos nas casas

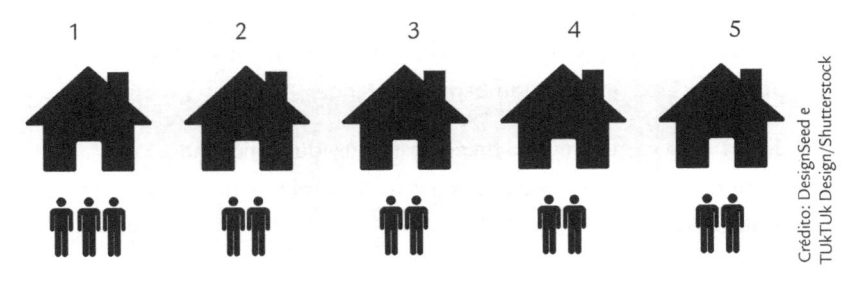

O enunciado da questão aponta também que podem existir casas sem nenhum morador, o que nos leva a uma segunda situação, como ilustrada na Figura 2.12.

Figura 2.12 – Outra possibilidade de alocação de indivíduos nas casas

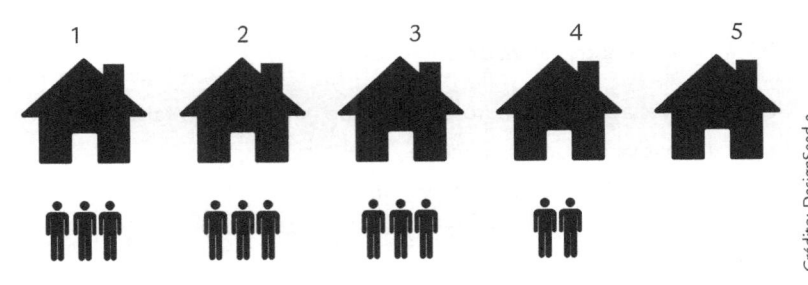

Agora vamos analisar as respostas e descobrir aquela que mais se adequa aos cenários propostos.

a. Todos moram em uma única casa.

Essa é uma possibilidade de alocação dos indivíduos, mas não é a única (lembre-se da palavra *necessariamente* no enunciado), portanto, não atende como resposta.

b. Há uma casa em que ninguém mora.

Essa também é uma possibilidade válida, mas não é "necessariamente" verdadeira. A opção ilustrada pela Figura 2.11 mostra uma alternativa, portanto, essa resposta também não atende.

c. Há uma casa com pelo menos três indivíduos morando.

Note que nas duas simulações existe pelo menos uma casa com três indivíduos.

d. Há uma casa com exatamente cinco indivíduos morando.

Essa é uma afirmação que não pode ser verificada, portanto, não atende como resposta da questão.

e. Há indivíduos morando em todas as casas.

Essa afirmativa contraria o enunciado, que afirma que podem existir casas sem nenhum morador.

Opção correta: **alternativa "c".**

4. Um enunciado é uma tautologia quando não puder ser falso. Assinale a alternativa em que isso ocorre.
a. Está chovendo e não está chovendo.
b. Está chovendo.
c. Se está chovendo, então não está chovendo.
d. Está chovendo ou não está chovendo.
e. Não está chovendo.

Resposta: Vamos analisar as alternativas e verificar se a associação das proposições em cada alternativa pode ser sempre verdadeira, o que caracteriza uma tautologia. Comecemos pela alternativa "a". Se a primeira proposição for verdadeira, a segunda é falsa. (V) e (F) é falso. Se invertermos as suposições, (F) e (V), o resultado do operador E também será falso, portanto, não é uma tautologia.

A alternativa "b" pode ser verdadeira OU pode ser falsa, portanto, também não é uma tautologia.

A alternativa "c" usa o operador SE ENTÃO, e somente será verdadeira SE existir uma relação de causa e efeito verdadeira, o que não é o caso.

A alternativa "d" é uma disjunção, que será verdadeira quando existir uma das proposições verdadeira, logo, toda a proposição é verdadeira e, portanto, é uma tautologia.

A opção "e" pode ser verdadeira ou falsa; portanto, não é uma tautologia.

Opção correta: **alternativa "d"**

5. (FNDE - 2007/FGV) Três amigas estão em uma festa usando vestidos azul, preto e branco. Elas usam sapatos das mesmas três cores, mas somente Ana está com sapatos e vestido da mesma cor. Nem o vestido nem os sapatos de Julia são brancos. Marisa está com sapatos azuis. Desse modo:

a. O vestido de Julia é azul e o de Ana é preto.
b. O vestido de Julia é branco e seus sapatos são pretos.
c. Os sapatos de Julia são pretos e os de Ana são brancos.
d. Os sapatos de Ana são pretos e o vestido de Marisa é branco.
e. O vestido de Ana é preto e os sapatos de Marisa são azuis.

Resposta: Para solucionar esse tipo de questão, a primeira ação é tabular os dados fornecidos, como ilustrado na Tabela 2.6.

Tabela 2.6 - Tabulação dos dados da questão 5

Símbolo	Ana	Julia	Marisa
Vestido azul	NÃO	SIM	NÃO
Vestido preto	NÃO	NÃO	SIM
Vestido branco	SIM	NÃO	NÃO
Sapato azul	NÃO	NÃO	SIM
Sapato preto	NÃO	SIM	NÃO
Sapato branco	SIM	NÃO	NÃO

...da filosofia às linguagens de programação_

Iniciando-se pela informação mais simples: o enunciado é claro ao afirmar que Marisa utiliza sapatos azuis, por isso podemos marcar SIM nessa célula. Por consequência, podemos marcar NÃO para Ana e Julia no quesito sapatos azuis, e para Marisa em sapatos pretos e também em sapatos brancos.

Na sequência, o enunciado informa que **nem o vestido nem os sapatos de Julia são brancos**, o que permite marcar NÃO para Julia no quesito sapatos brancos e vestido branco. Isso permite identificar que Julia utiliza sapatos pretos, e como cada uma delas utiliza sapatos de uma cor, Ana utiliza os brancos.

O enunciado informa também que somente Ana utiliza sapatos e vestidos da mesma cor, o que permite marcar SIM para Ana com vestido branco. O "somente" nessa informação permite também concluir que Julia utiliza vestido azul e Marisa vestido preto (cores diferentes dos sapatos).

Agora, com a tabela completa, verificamos que a resposta correta é a **alternativa "c"**.

[questões para revisão]

1. Determine o resultado lógico das expressões indicando se são verdadeiras (V) ou falsas (F). Considere para as respostas os seguintes valores:

   X = 1; A = 3; B = 5; C = 8; D = 7.

   ( ) não. (X > 3).
   ( ) (X < 1) .e. (B > D).
   ( ) (D < 0) .e. (C > 5).
   ( ) (X > 3) .ou. (C < 7).
   ( ) (A > B) .ou. (C > B).

Assinale a alternativa que apresenta a sequência correta:

a. V, F ,F , V, F.

b. F, V, V, F, V.

c. V, V, V, F, F.

d. F, F, F, F, V.

e. V, F, V, F, V.

2. Joãozinho e seu pai brincam de um jogo cuja regra é a seguinte: Joãozinho deve responder com mentiras todas as perguntas de seu pai às segundas, quartas e sextas-feiras, e com a verdade às terças, quintas, sábados e domingos. Sua mãe observou o seguinte diálogo entre o garoto e seu pai:

_ Pai: "Que dia é hoje?".
_ Joãozinho: "Quarta-feira".
_ Pai: "Que dia será amanhã?".
_ Joãozinho: "Sábado".

Observando o diálogo, a mãe de Joãozinho pode concluir que **hoje** é:

a. Domingo.

b. Segunda-feira.

c. Quarta-feira.

d. Quinta-feira.

e. Sexta-feira.

3. Para montar seu pote de sorvete, você precisa escolher cinco dos sete sabores disponíveis: T, U, V, W, X, Y e Z.

   As seguintes condições se aplicam a sua escolha:

   _ W ou Z deve ser escolhido, mas não ambos.
   _ Se Y é escolhido, então V também deve ser escolhido.
   _ Se U é escolhido, então W não pode ser escolhido.

   Se o sabor U for escolhido, assinale o outro sabor necessariamente escolhido.

   a. T.

   b. W.

   c. X.

   d. Y.

   e. Z.

4. Um detetive está investigando um crime e tem quatro suspeitos. Com base no depoimento deles, o detetive concluiu que:

   _ Se o mordomo está dizendo a verdade, então o cozinheiro também está;
   _ O cozinheiro e o jardineiro, ambos, não podem estar dizendo a verdade;
   _ O jardineiro e o zelador, ambos, não estão mentindo;
   _ Se o zelador está dizendo a verdade, então o cozinheiro está mentindo.

Como o detetive pode determinar se a pessoa está mentindo ou dizendo a verdade?

5. Joãozinho tem três carrinhos de tamanhos diferentes: Carrinho1, Carrinho2 e Carrinho3. Ele vai pintar cada um deles com uma única cor: azul, amarelo ou rosa. Agora, considere as seguintes afirmações:

_ Carrinho1 é rosa;
_ Carrinho2 não é rosa;
_ Carrinho3 é azul;

De quantos modos Joãozinho pode fazer a pintura dos carrinhos para que apenas uma dessas três afirmações seja verdadeira?

[questões para reflexão]

1. A disciplina de Lógica é comumente conhecida como a *ciência do raciocínio* e tem suas origens nos trabalhos de filósofos antigos, como Aristóteles, que trabalhou para criar um método de busca da verdade. As bases propostas por ele foram evoluindo com trabalhos posteriores, como os do matemático Leibnitz, e hoje a teoria da lógica definiu mecanismos para demonstrar se uma sequência de afirmações relacionadas entre si pode produzir um resultado verdadeiro. No entanto, a análise lógica não determina a validade do conteúdo dos argumentos, e sim se a verdade de uma conclusão pode ser obtida da verdade de argumentos propostos. Isso não teria desvirtuado o

objetivo inicial de Aristóteles na busca pela verdade? Comente.

2. No livro *O mundo assombrado pelos demônios: a ciência como uma vela na escuridão*, o professor de astronomia e ciências espaciais Carl Sagan narra como a escuridão (falta de ciência) parece tomar conta do mundo, em que explicações pseudocientíficas e místicas ganham mais espaços dos meios de comunicação. A ideia da obra foi destacar a busca do conhecimento científico e recuperar os valores da racionalidade. Ela ainda reafirma os benefícios da ciência e da tecnologia para a humanidade. Mas, o que levaria as pessoas a buscarem a não ciência, mesmo sabendo que ela produz resultados falsos?

[para saber mais]

Com o intuito de aprofundar seus estudos sobre assuntos tratados neste capítulo, confira os seguintes materiais:

ALENCAR FILHO, E. de. **Iniciação à lógica matemática**. São Paulo: Nobel, 2002.

CARVALHO, S.; CAMPOS, W. **Raciocínio lógico simplificado**. Salvador: Juspodivm, 2015. v. 1 e 2.

MORTANI, C. A. **Introdução à logica**. São Paulo: Unesp, 2001.

NEWTON-SMITH, W. H. **Lógica:** um curso introdutório. Lisboa: Gradiva, 1998.

QUILELLI, P. **Raciocínio lógico-matemático**. 3. ed. São Paulo: Saraiva, 2015.

```
0000_0011 = III
```

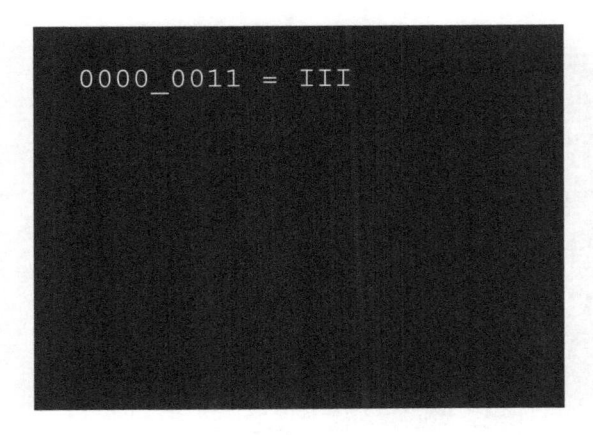

Conteúdos do capítulo:

- A lógica como parte do cotidiano.
- A ideia de algoritmo.
- As linguagens natural e de máquina.
- Sistemas de numeração romano, decimal, binário e hexadecimal.
- Operadores lógicos.

Após o estudo deste capítulo, você será capaz de:

1. aplicar os conceitos de lógica nas atividades do dia a dia;
2. mapear processos baseados em proposições lógicas e escrevê-los de forma que possam ser codificados em linguagem de programação;
3. representar raciocínios lógicos por meio de fluxogramas.

a_lógica_de_programação

Neste capítulo, vamos apresentar os conceitos elementares da lógica aplicada a tarefas cotidianas. O objetivo é permitir aos alunos transpor a lógica das ações diárias para a estrutura de um algoritmo de programação.

[A lógica]

A lógica foi um modo encontrado para organizar e dar boa ordem ao pensamento humano, de modo a conduzir de forma correta o raciocínio das pessoas para a verdade. Nosso dia a dia é cheio de atividades e ações apoiadas em princípios lógicos, mesmo se não nos dermos conta disso.

■ A lógica no dia a dia

Todas as atividades que desenvolvemos no cotidiano precedem de lógica. Portanto, tudo o que fazemos é pautado por princípios lógicos. Por exemplo: se você desejar tomar um copo de água gelada, deverá pegar o copo, abrir a geladeira e servir-se de água gelada. Não parece muito lógico beber água gelada antes de abrir a porta da geladeira.

■ A lógica de programação

Um computador – ou *cérebro eletrônico*, como já foi chamado há algumas décadas – é uma máquina criada para reproduzir o pensamento humano e foi sistematizado usando os princípios da lógica e das leis do pensamento. Sob esse prisma, é necessário codificar uma atividade humana para que esta possa ser realizada por um computador seguindo todas as regras lógicas, sem as quais ele não conseguirá interpretar e, por conseguinte, executar as instruções corretamente.

A lógica de programação deve obedecer a um raciocínio muito bem definido, muito claro e sem oportunidades para interpretações (lembre-se de que uma proposição só pode ter dois valores: verdadeiro ou falso). Depois que ela é estruturada, a tarefa pode, então, ser codificada usando as mais variadas linguagens de programação existentes. Vale dizer, contudo, que em qualquer uma delas o raciocínio será sempre o mesmo.

Apesar de a palavra *algoritmo* não ser muito comum fora do mundo técnico, utilizamos todos os dias vários algoritmos nas tarefas cotidianas, e um dos mais conhecidos é uma simples receita de bolo. Nela, descrevem-se todos os ingredientes e uma sequência muito bem definida de ações que devem ser realizadas para atingir o objetivo final: um bolo gostoso.

Um algoritmo é uma sequência bem definida de atividades a serem observadas para se alcançar um objetivo. Sempre que for executada sob as mesmas condições, fornecerá exatamente o mesmo resultado. O diagrama da Figura 3.1 ilustra de maneira básica os passos para uma solução computacional.

Figura 3.1 – Diagrama de blocos de uma solução computacional

PROBLEMA → ALGORITMO → PROGRAMA

Uma solução desenhada na forma de um algoritmo pode ser implementada em qualquer linguagem de programação, pois a lógica está bem definida.

■ O conceito de algoritmo

Um algoritmo é uma sequência finita de passos (instruções) para resolver determinado problema. Quando ele é criado, estabelecemos um padrão de comportamento que deverá ser seguido pelo programa para chegar à solução desejada.

A construção de um algoritmo apresenta algumas premissas básicas que orientam o seu desenho:

_ definir ações simples e sem ambiguidade;
_ organizar as ações de forma ordenada;
_ definir uma sequência finita de passos.

Note que um algoritmo não é a solução de um problema, mas sim uma sequência de passos para resolvê-lo ou para executar uma tarefa. Em geral, existem muitas (senão infinitas) alternativas possíveis. Vamos a um exemplo de um algoritmo bastante simples como a troca de um pneu de um automóvel.

```
ALGORITMO 1 - TROCAR O PNEU FURADO DE UM CARRO

    Desligar o carro
    Pegar as ferramentas
    Pegar o pneu estepe
    Levantar o carro com o "macaco"
    Retirar o pneu furado
    Colocar o pneu estepe
    Abaixar o carro
    Guardar o pneu furado e as ferramentas
```

O Algoritmo 1 é bem simples e não considera vários passos e verificações, como estacionar carro, sinalizar a via com o triângulo, abrir o porta-malas, instalar o "macaco" e outros. Vamos avaliar mais um exemplo simples, como trocar uma lâmpada.

```
ALGORITMO 2 - TROCAR UMA LÂMPADA

    Pegar a escada
    Pegar uma lâmpada nova
    Instalar a escada no local
    Subir na escada
    Retirar a lâmpada velha
    Colocar a lâmpada nova
```

Da mesma forma que o Algoritmo 1, o Algoritmo 2 é bem simples e todos que seguirem os passos dele conseguirão substituir uma lâmpada. Vamos a um terceiro exemplo, também bastante simples.

ALGORITMO 3 - FRITAR UM OVO

```
Pegar o ovo
Colocar a frigideira no fogo
Colocar óleo na frigideira
Quebrar o ovo na frigideira
Esperar fritar
Retirar o ovo frito da frigideira
```

No entanto, na vida real nem todas as atividades são tão simples assim, pois algumas requerem a avaliação de condições das variáveis dos processos e de tomadas de decisões. Vamos avaliar agora um algoritmo para pegar um ônibus.

ALGORITMO 4 - PEGAR UM ÔNIBUS

```
Ir até o ponto de ônibus
Enquanto o ônibus não chega
  Espere o ônibus
Fim Enquanto
Dar sinal para a parada do ônibus
Entrar no ônibus
Pagar a passagem
Troco ← dinheiro - passagem
Enquanto banco não está vazio
  Espere banco vazio
Fim Enquanto
Sentar
```

Note que nesse algoritmo a pessoa deve esperar pela chegada do ônibus para então dar o sinal solicitando que ele pare. Esse conceito introduz uma nova estrutura de análise de variáveis (esperar o ônibus) e ações distintas (se o ônibus chegou ou não). Estamos falando agora de **estruturas seletivas** e **estruturas de repetição**. Vamos voltar a elas mais adiante.

A fim de praticar o que foi discutido até aqui, você deve escrever o algoritmo para resolver o problema da Torre de Hanoi*. A ideia desse jogo antigo é transferir todos os discos do primeiro pino (A) para o outro

---

* A Torre de Hanoi é um quebra-cabeça formado por uma base contendo três pinos. Em um dos pinos laterais são colocados discos empilhados em ordem crescente de diâmetro. A proposta consiste em passar todos os discos de um pino para outro, usando um dos pinos como auxiliar, de modo que um disco maior nunca fique em cima de outro disco menor. O número de discos pode variar; a versão mais simples contém apenas três discos.

pino (C), usando o pino auxiliar B, sem nunca colocar um disco de diâmetro maior sobre outro de diâmetro menor. A Figura 3.2 ilustra a montagem do jogo. Qual é o menor número possível de movimentos que resolve o problema com três discos?

Figura 3.2 – Torre de Hanoi

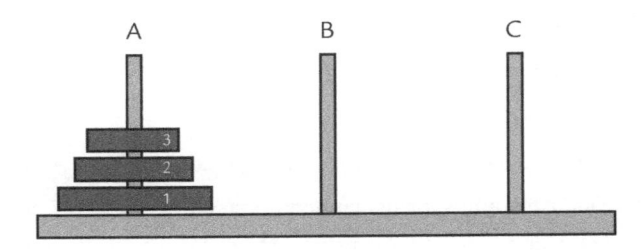

Considerando o jogo com 3 discos, é possível encontrar matematicamente o menor número de movimentos a serem feitos para solucionar o problema das torres. Os jogadores podem gastar um número maior de movimentos, mas é sempre útil encontrarmos uma solução ótima para o problema.

[Representação dos algoritmos]

Para serem processadas, as informações precisam estar estruturadas na forma de linguagem – seja escrita, seja oral, seja até mesmo gestual, baseada em sinais, como a Linguagem Brasileira de Sinais (Libras), utilizada pelos surdos brasileiros.

As pessoas que falam a mesma língua (ou a mesma linguagem) podem se comunicar e trocar informações. De igual modo, dois computadores precisam "falar" a mesma língua – conhecida como *protocolo*. O protocolo de comunicação mais comum utilizado pelos computadores modernos é o TCP/IP*.

De modo geral, um algoritmo tem a seguinte estruturação:

```
ALGORITMO 5 - FORMATAÇÃO DE ALGORITMO GENÉRICO
algoritmo NOME_ALGORITMO
início_algoritmo
  Declaração de variáveis e constantes globais
início
  Blocos de comandos
fim
fim_algoritmo
```

Dentro dos blocos de comandos estão todas as estruturas de declaração de variáveis e constantes locais, comentários, comandos de E/S (entradas e saídas) e de atribuição, estruturas de seleção, controle e repetição, além de todas as chamadas de funções ou procedimentos (*procedures*).

■ A linguagem natural

A linguagem natural é exatamente como nós falamos, como nos expressamos e trocamos informações com as outras pessoas do nosso país. A nossa é o português do Brasil, bem diferente, por exemplo, do inglês ou até mesmo do português de Portugal.

Por ser uma linguagem viva, a língua portuguesa está em constante adaptação; assim, sempre surgem novas palavras, novas expressões, ao mesmo tempo que outras são abandonadas ou caem em desuso. Exatamente por essa plasticidade da língua, dificilmente ela poderá ser transcrita de forma lógica a ponto de ser interpretada por um computador.

---

* TCP/IP é um protocolo de comunicação de dados utilizado pela rede mundial de computadores (internet) desenvolvido pelo Departamento de Defesa Americano para permitir a comunicação entre computadores das organizações militares em caso de uma guerra mundial.

Quando um programa é escrito em uma linguagem de alto nível, é função do compilador traduzir as instruções escritas em algum idioma para a linguagem de máquina, que é então executada pelo computador. Cada linguagem de programação apresenta a própria sintaxe, que é o conjunto de regras que determina como o código deve ser construído. Se na construção do código você digitar uma instrução errada, ela não será executada – por exemplo, escrever a função <printf> como <printzzz>. Essas incorreções na grafia das instruções são os **erros de sintaxe**.

Além desses erros, o programador pode se equivocar na lógica de programação e o programa pode não produzir o resultado esperado. Nesse caso, a sintaxe está absolutamente correta, mas a **semântica** está errada. Conhecer a semântica das instruções permite codificar programas eficientes e que produzam os resultados esperados.

▇ A linguagem de máquina

A linguagem natural (em nosso caso, a língua portuguesa) não tem a estruturação necessária para ser utilizada pelos computadores. Por isso, além de precisar de instruções bem específicas, eles necessitam de uma linguagem mais próxima dos circuitos eletrônicos, que é conhecida como *linguagem de máquina*. Ela é composta por palavras representadas de forma binária e que, para o computador, indicam as operações e os comandos utilizados na execução dos programas. A seguir, vemos um pequeno trecho de código escrito usando linguagem de máquina. Note que o computador trabalha essencialmente com o sistema de numeração binário e hexadecimal.

Decimal	Endereço	Code	Operandos
2089872304 7C90EBB0		sub	esp, 2D0h
2089872310 7C90EBB6		mov	dword ptr ebp+FFFFFDDCh], eax
2089872316 7C90EBBC		mov	dword ptr ebp+FFFFFDD8h], ecx
2089872322 7C90EBC2		mov	eax, dword ptr [ebp+8]

Os sistemas de numeração

Contar a quantidade de objetos da vida diária é uma necessidade do ser humano desde sempre, sendo que vários sistemas foram criados com essa intenção. Eles evoluíram com o tempo até chegar ao nosso sistema de numeração decimal, que é simples e, ao mesmo tempo, genial.

O sistema de numeração romano

Um sistema de numeração bastante interessante e utilizado até hoje é o romano. Baseados em algarismos, como mostrado na Tabela 3.1, e seguindo algumas regras bem simples, os romanos inventaram um sistema de numeração que permitia a contagem simples por associação.

Tabela 3.1 - Numeração romana

Símbolo	Valor decimal
I	1
V	5
X	10
L	50
C	100
D	500
M	1000

Um aspecto interessante sobre esse sistema é que não existe o numeral zero. Apesar de hoje parecer estranho, a numeração era utilizada para contagem, portanto, não fazia sentido não contar nenhuma unidade. Apenas como informação, o algoritmo zero foi proposto em uma época histórica bem distinta da dos romanos.

Não é nossa intenção entrar em detalhes sobre o sistema de numeração dos romanos, mas é interessante saber como eles faziam operações simples como uma adição. Como o sistema foi idealizado para a contagem, a adição era realizada por agrupamentos sucessivos. Vamos somar os números 8 e 12 da forma como os romanos faziam.

$$\begin{array}{l} \text{VIII} = 8 \\ \text{XII} = 12 \end{array} \Rightarrow 8 + 12 = 20$$

Escrevendo os dois números em algarismos romanos, vamos fazer o agrupamento de símbolos idênticos, nesse caso, o símbolo I.

$$\overset{1}{\overbrace{\text{VIII} + \text{XII}}} = \;?$$

O agrupamento dos símbolos III (3) e II (2) resulta em 5, que é representado pelo símbolo V.

$$\overset{2}{\overbrace{\text{VV}}} + \text{X} = \;?$$

Vamos repetir o agrupamento, agora do símbolo V (5). Dois símbolos V agrupados resultam em 10, que pode ser representado pelo símbolo X (10).

$$\overset{3}{\overbrace{\text{X} + \text{X}}} = \boxed{20}$$

Novamente vamos agrupar os dois símbolos X (10), o que leva ao resultado final igual a 20.

...da filosofia às linguagens de programação_

O sistema de numeração decimal

Nada mais fácil do que contar utilizando os dedos das mãos. Inspirado nisso, o sistema de numeração decimal apresenta dez algarismos (0, 1, 2, 3, 4, 5, 6, 7, 8 e 9), e sua enorme versatilidade não está nos algarismos, mas no valor posicional deles.

Uma regra muito importante do sistema decimal é que a cada dez unidades de uma ordem compõe-se um algarismo de uma ordem superior. Por exemplo, vejamos o número 7, que é composto de 7 unidades; se somarmos mais 3 unidades teremos 10 unidades, que pode ser substituído por 1 dezena e 0 unidade.

Vejamos outro exemplo: o número 52 é formado pelos algarismos 5 e 2 agrupados de forma a representar cinco dezenas e duas unidades. O número 25 também é composto pelos mesmos algarismos, no entanto representa 2 dezenas e 5 unidades. Ou seja: apesar de os números serem formados pelos mesmos algarismos, o valor posicional deles muda completamente a ordem de grandeza, conforme é possível observar na Figura 3.3.

Figura 3.3 – Valor posicional dos algarismos

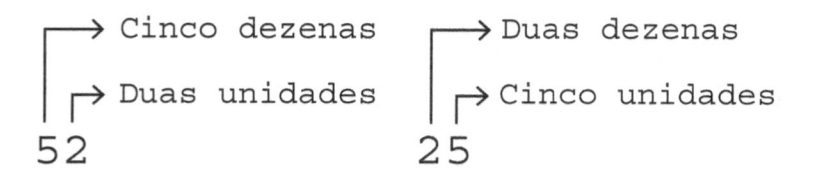

```
    ┌→ Cinco dezenas      ┌→ Duas dezenas
    │ ┌→ Duas unidades    │ ┌→ Cinco unidades
    5 2                   2 5
```

O valor posicional dos algarismos no sistema decimal (de base 10) permite escrever qualquer número, apenas posicionando os mesmos dez algarismos. Vamos exemplificar isso na Figura 3.4, deixando bem clara a notação do valor posicional.

Figura 3.4 – Valor posicional dos algarismos no sistema decimal

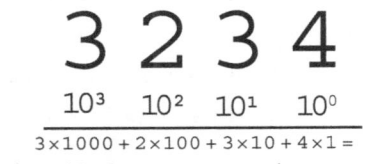

$$3\ 2\ 3\ 4$$
$$10^3\ \ 10^2\ \ 10^1\ \ 10^0$$
$$\overline{3\times 1000 + 2\times 100 + 3\times 10 + 4\times 1 =}$$
Três mil duzentos e trinta e quatro

Note que o número 10^0 é igual a 1. Por mais que pareça estranho, a prova é bastante simples, como mostrado na Tabela 3.2.

Tabela 3.2 – Prova trivial que $A^0 = 1$

$\frac{A}{A} = 1$	A razão de dois números iguais é sempre igual a 1
$\frac{A^2}{A^2} = 1$	O resultado dessa expressão é 1 para qualquer valor de A
$A^{2-2} = 1$	A razão de números de mesma base: conserva-se a base e subtraem-se os expoentes
$A^0 = 1$	Pela propriedade transitiva (se A = B e B = C, então A = C), pode-se afirmar que qualquer número elevado a zero é igual a 1

O sistema de numeração binário

O sistema de numeração binário segue a mesma ideia do sistema de numeração decimal, porém tem apenas dois algarismos – zero (0) e um (1). Como é um sistema de base 2, podemos aplicar raciocínio semelhante ao do sistema decimal, como ilustra a Figura 3.5.

Figura 3.5 – Sistema binário de numeração

$$1\ 1\ 0\ 1$$
$$2^3\ \ 2^2\ \ 2^1\ \ 2^0$$
$$\overline{1\times 8 + 1\times 4 + 0\times 2 + 1\times 1 = 13}$$

...da filosofia às linguagens de programação_

O sistema binário representa muito bem os sistemas computacionais, em que o nível lógico zero (0) significa a ausência de sinal elétrico, e o nível lógico um (1), a presença de sinal elétrico. No exemplo da Figura 3.5, temos um número de 4 *bits*, mas os sistemas operacionais modernos trabalham com instruções de 32 e até 64 *bits* (*bit* = *binary digit*).

O sistema de numeração hexadecimal

Do mesmo modo que o sistema decimal constitui uma forma intuitiva de contar usando os dedos das mãos representados em dez algarismos (0 a 9), o sistema hexadecimal está fortemente associado à computação, pois os computadores utilizam o *byte* como unidade básica da memória (1 *byte* = 8 *bits*).

Seguindo a ideia do sistema decimal, mas ampliando a base para 16, o hexadecimal apresenta os dígitos 0, 1, 2, 3, 4, 5, 6, 7, 8, 9, A, B, C, D, E e F e segue a mesma lógica de conversão dos demais. Veja na Figura 3.6 como se dá a conversão do sistema hexadecimal para o decimal.

Figura 3.6 – Conversão do sistema hexadecimal para o decimal

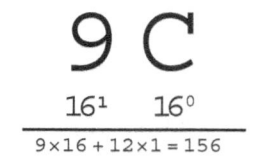

$$\frac{9 \quad C}{16^1 \quad 16^0}$$
$$9 \times 16 + 12 \times 1 = 156$$

Assim, um *byte* pode ser representado por oito dígitos do sistema binário ou por dois dígitos do sistema hexadecimal.

```
Decimal = 156
Binário = 10011100
Hexa    = 9C
```

Representação por fluxograma

Um algoritmo é essencialmente a estruturação de uma linha de raciocínio e pode ser descrito de várias maneiras. Até agora usamos apenas as formas textuais, mas podemos também fazê-lo graficamente. Para essa representação, é necessário utilizar símbolos gráficos padronizados que correspondem às várias etapas e ações dentro de um algoritmo. A Tabela 3.3 apresenta tais símbolos.

Tabela 3.3 – Símbolos gráficos utilizados em fluxogramas

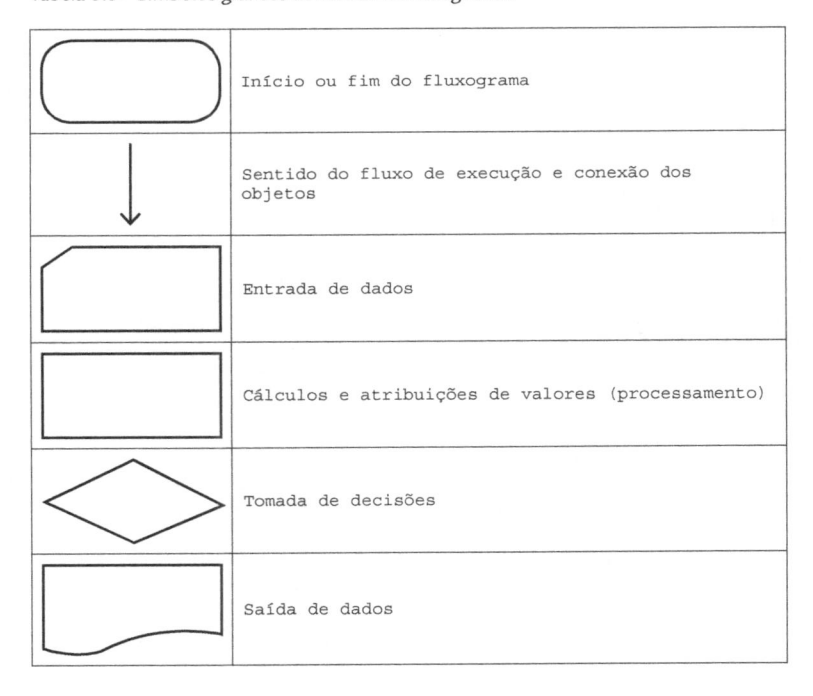

Símbolo	Descrição
	Início ou fim do fluxograma
↓	Sentido do fluxo de execução e conexão dos objetos
	Entrada de dados
	Cálculos e atribuições de valores (processamento)
	Tomada de decisões
	Saída de dados

O fluxograma fornece uma imagem visual do processo estudado pela representação gráfica de toda a série de atividades que o definem. Além disso, permite:

- mostrar as relações entre etapas do processo;
- apontar desvios, atrasos, ineficiências e desperdícios;
- medir o ciclo de vida das atividades;
- identificar oportunidades de redução nos custos e prazos.

O fluxograma da Figura 3.7 ilustra de forma bem humorada o trabalho em equipe. Apesar da brincadeira, é bastante intuitivo compreender o raciocínio contido nele.

Figura 3.7 – Trabalho em equipe

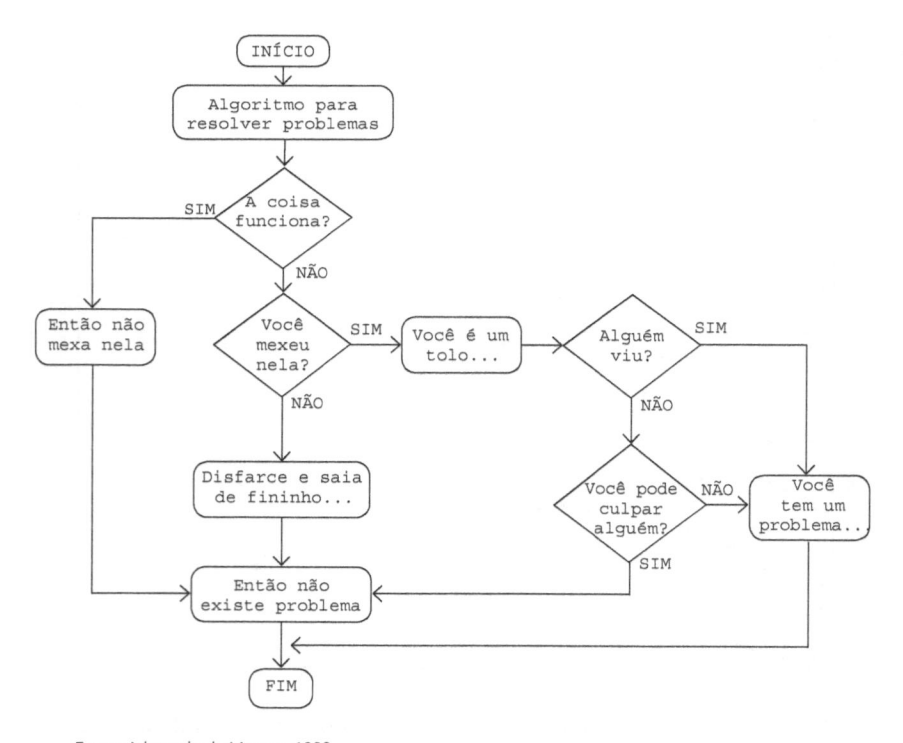

```
                    ( INÍCIO )
                        ↓
              ( Algoritmo para  )
              ( resolver problemas )
                        ↓
                   / A coisa  \
           SIM  <   funciona?  >
          ┌────   \           /
          │            ↓ NÃO
          │            
   ┌──────────┐     / Você  \   SIM   ┌─────────┐       / Alguém \   SIM
   │ Então não│ ←  <  mexeu  > ────→  │ Você é um│ ───→ <   viu?   > ─────┐
   │ mexa nela│     \ nela? /         │  tolo... │      \        /        │
   └──────────┘        ↓                └─────────┘          ↓ NÃO         │
                      NÃO                                                   │
                       ↓                                                    │
              ( Disfarce e saia )              / Você pode \  NÃO    ┌──────────┐
              ( de fininho...   )             <   culpar    > ────→  │  Você    │
                       ↓                       \  alguém?  /          │ tem um   │
                       ↓                            ↓ SIM             │problema..│
                  ( Então não    ) ←────────────────                  └──────────┘
              →   ( existe problema ) ←───────────────────────────────────
                       ↓
                    ( FIM )
```

Fonte: Adaptado de Moraes, 1998.

Computadores & sociedade:

[Operadores lógicos de comparação]

Os fluxogramas expressam um raciocínio lógico e precisam ser capazes de representar decisões e suas ações consequentes. Para isso, alguns operadores lógicos de comparação são utilizados, como detalha a Tabela 3.4.

Tabela 3.4 – Operadores lógicos de comparação

Símbolo matemático	Português	Notação C	Equivalente matemático
=	Igual a	==	7 = 7
≠	Diferente de	!=	4 ≠ 8
>	Maior que	>	3 > 1
<	Menor que	<	2 < 9
≤	Menor ou igual a	<=	3 ≤ 3
≥	Maior ou igual a	>=	4 ≥ 2

[estudo de caso]

O jogo da velha é um jogo de regras bastante simples e teria se originado na Inglaterra, quando as mulheres se reuniam para conversar e bordar. As mulheres idosas, por não terem mais condições de bordar em razão da falta de visão, brincavam do que passou a ser conhecido como *jogo da velha*.

A análise matemática das possibilidades indica que existem 362.880 opções para colocar a cruz e o círculo no tabuleiro (fatorial do número de posições do jogo ou fatorial de 9 (9!)) e que 255.168 são jogos vencedores. Considerando que X inicia o jogo, construa um algoritmo que execute os passos do jogo da velha levando em conta que o computador sempre executa a mesma sequência de jogo. Use a matriz que aparece na (Figura 3.8) para indicar o tabuleiro.

Figura 3.8 – Matriz para o tabuleiro

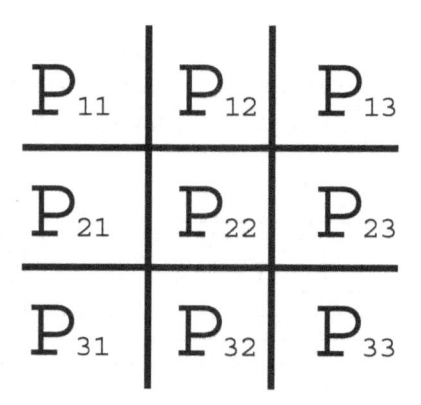

P_{11}	P_{12}	P_{13}
P_{21}	P_{22}	P_{23}
P_{31}	P_{32}	P_{33}

Levando em conta a matriz anterior e as regras do jogo, quantos jogos podem ser vencidos por X (considerando que X inicia o movimento)?

Resposta

- 131.184 jogos são vencidos por X:
    - 1.440 são vencidos após cinco movimentos;
    - 47.952 são vencidos após sete movimentos;
    - 81.792 são vencidos após nove movimentos.
- 77.904 jogos são vencidos por O:
    - 5.328 são vencidos após seis movimentos;
    - 72.576 são vencidos após oito movimentos.
- 46.080 resultam em empate.

[síntese]

Neste capítulo, vimos como um problema da vida real pode ser traduzido e organizado de forma estruturada e lógica em um algoritmo para, então, ser processado por um computador. Os algoritmos têm uma formatação bem definida, símbolos próprios e uma linguagem universal que permite a sua implementação em qualquer linguagem de programação.

Também abordamos aspectos de alguns sistemas de numeração, essenciais na codificação de algoritmos em qualquer linguagem computacional, pois os computadores são essencialmente máquinas que realizam operações matemáticas e lógicas. Analisamos, ainda, os operadores lógicos de comparação, que permitem os mecanismos de decisão e controle de ações dos algoritmos.

[exercícios resolvidos]

O objetivo das questões comentadas é fazer uma reflexão sobre os temas apresentados neste capítulo. Procure acompanhar o raciocínio lógico adotado para a solução de cada uma delas.

1. Sabendo que nós utilizamos o sistema decimal, e os computadores, o binário, o número decimal 192 e o número binário 11001010 apresentam as respectivas representações binária e hexadecimal:
   a. 11000000 e CA.
   b. 10111111 e CB.
   c. 11000000 e BA.
   d. 10111111 e CA.
   e. 11000000 e CB.

Resposta: Essa é uma questão direta de aplicação das fórmulas de conversão de decimal em binário e de binário em decimal/hexadecimal. Fazendo a fatoração a seguir e pegando o resto das divisões, temos 11000000, como mostra a Figura 3.9.

Figura 3.9 - Conversão decimal - binária

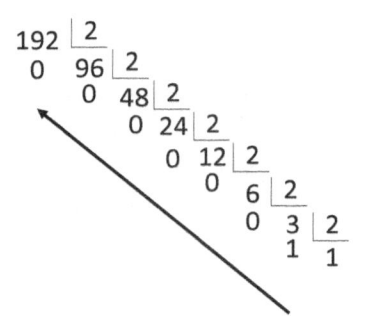

```
192 |2
  0  96 |2
      0  48 |2
          0  24 |2
              0  12 |2
                  0   6 |2
                      0   3 |2
                          1   1
```

Na conversão binária para hexadecimal, basta fazer a conversão a cada conjunto de 4 *bits*. Assim, podemos fazer: 11001010 1100 => 12 => **C** e 1010 => 10 => **A**. Associando os dois resultados, temos a letra **"a"** como resposta correta.

2. Os computadores utilizam o sistema de numeração hexadecimal e podem rapidamente resolver equações matemáticas. Considerando que o sistema computacional opera com palavras de 16 *bits*, qual é o resultado da expressão "BCDE - ABCD"?
   a. 0001 0010 0001 0010.
   b. 0001 0001 0001 0001.
   c. 0110 0011 0001 0001.
   d. 0000 0000 0000 1111.
   e. O resultado não pode ser calculado devido a um erro.

Resposta: Novamente temos uma questão de aplicação direta das fórmulas de conversão de bases. Um modo simples é a conversão do hex BCDE, que em decimal é igual a 48350, e a conversão de ABCD, que equivale a 43981. O resultado final é igual a 48350 - 43981 = 4369, que convertido em binário é 0001 0001 0001 0001. Portanto, a alternativa correta é a **"b"**. Lembramos que zero à esquerda não altera o valor do número.

3. Escreva um algoritmo para determinar o consumo médio de combustível de um automóvel, fornecidas a distância percorrida e a quantidade de combustível consumido no trajeto.

Resposta: Nessa questão, o algoritmo precisa ler os dados de entrada e calcular a média de consumo de combustível. Veja a seguir uma sugestão de algoritmo.

```
ALGORITMO 6 - CÁLCULO DA MÉDIA DE CONSUMO DE COMBUSTÍVEL
//Algoritmo para calcular a média de consumo de combustível
início_algoritmo
   Variáveis:
     Distância, combustível: real
início
    escreva("Digite a distância percorrida")
    leia(distância)
    escreva("Digite o combustível utilizado")
    leia(combustível)
    média=combustível/distância
    escreva("A média de consumo foi",média)
fim
fim_algoritmo
```

4. Escreva um algoritmo que converta a temperatura na escala Celsius para a temperatura na escala Fahrenheit. A fórmula é Tc/5 = (Tf - 32)/9.

Resposta: Essa é uma questão de aplicação direta do modelo de algoritmo, com leitura de dados, processamento e impressão do resultado. Vamos ao algoritmo.

```
ALGORITMO 7 - CONVERSÃO DE TEMPERATURA CELSIUS ⇔ FAHRENHEIT
//Algoritmo para conversão de temperatura Celsius e //Fahrenheit
início_algoritmo
   Variáveis:
     Tcelsius, Tfahrenheit: real
início
    escreva("Digite a temperatura Celsius")
    leia(Tcelsius)
    Tfahrenheit = (9*Tcelsius+160)/5
    escreva("A temp fahrenheit é:",Tfahrenheit)
fim
fim_algoritmo
```

5. Escreva o algoritmo que realize a conversão de reais (R$) em dólares (US$). Seu algoritmo deve solicitar a cotação do dólar no dia e a quantidade de reais que deve ser convertida.

Resposta: Essa é uma questão de leitura de variáveis e aplicação direta de fórmula, mas, nesse caso, parte da fórmula deve ser lida como variável de entrada.

```
ALGORITMO 8 - CONVERSÃO DE REAIS (R$) EM DÓLARES (US$)
//Algoritmo para conversão reais em dólares
início_algoritmo
  Variáveis:
    reais, dólar, cotação, total: real
início
  escreva("Qual a cotação do dólar")
  leia(cotação)
  escreva("Quantos dólares quer converter?")
  leia(total)
  reais = dólar/cotação
  escreva("A conversão é de",real)
fim
fim_algoritmo
```

[questões para revisão]

1. Foram definidos dois quesitos para aprovação no programa de *trainee*. Pelo primeiro critério, o candidato deve ter uma bolsa menor ou igual a R$ 350,00 ou maior ou igual a R$ 500,00. Pelo segundo critério, ele deve ter mais do que dois anos de empresa. Qual a expressão lógica que representa esse critério?

   a. ((bolsa <= 350.0) || (bolsa >= 500.0)) && (tempo > 2).

   b. (bolsa <= 350.0) || (bolsa >= 500.0) && (tempo > 2).

   c. (bolsa <= 350.0) || ((bolsa >= 500.0) && (tempo > 2)).

   d. ((bolsa <= 350.0) && (bolsa >= 500.0)) && (tempo > 2).

   e. ((bolsa <= 350.0) || (bolsa >= 500.0)) || (tempo > 2).

2. Veja a seguir o trecho de código de um programa que pode ser otimizado.

```
...
x = x + 1;
x = 3 * x;
...
```

Qual linha de código único substitui as duas linhas de código mostradas?

a. x = 3 * x.

b. x = 3 * x + 1.

c. x = 3 * x + 3.

d. x = 3 * x + 4.

e. x = x + 1.

3. Marque a alternativa que mostra o que será impresso pelo programa a seguir:

```
#include <stdio.h>
int soma1, soma2;
int main (int argc, char *argv[])
{
int a=20;
printf (" %d:",a);
a++;
printf (" %d:",a);
a++;
printf (" %d:",a);
return 0;
}
```

a. 20, 20, 20.

b. 20, 22, 24.

c. 19, 20, 21.

d. 20, 21, 22.

e. 19, 20, 20.

...da filosofia às linguagens de programação

4. Escreva um algoritmo que faça a leitura de um número inteiro e apresente uma mensagem informando se ele é par ou ímpar.

5. Escreva um algoritmo que informe se determinado ano é ou não bissexto. Obs: um ano é bissexto se ele for divisível por 4 e não por 100.

[questões para reflexão]

1. A criação do primeiro computador de Von Neumann nos anos de 1940 levou à necessidade da escrita de programas de computador, que por sua vez determinou a criação das linguagens de programação, cada uma com símbolos, argumentos e semântica próprios. Mas por que aprender uma linguagem de programação é tão importante?

2. Considere a provocação de Silvio Meira*: "Vão ficar aí esperando que vocês sejam programados ou vão colocar a mão na massa pra aprender a programar?". Observe também a afirmação do pesquisador Mitch Resnick** do MIT (Massachusetts Institute of Technology): "Quando você aprende a

---

* Eleito pela revista *InfoExame* como uma das 21 pessoas mais importantes das tecnologias no Brasil. (BALIEIRO, S. Conheça os 21 nomes mais influentes da tecnologia no Brasil. **Infoexame**, ano 20, n. 234, set. 2005.)

** RESNICK, M. **Let's teach kids to code.** Interviwed by Morton Bast. Jan. 2013. Disponível em: <https://www.ted.com/talks/mitch_resnick_let_s_teach_kids_to_code/transcript>. Acesso em: 18 nov. 2016.

ler, você pode então ler para aprender. É a mesma coisa ao escrever códigos. Se você aprende a escrever códigos, você pode escrever códigos para aprender" [tradução nossa]. Qual seria a primeira linguagem de computação que você iria aprender?

[para saber mais]

Para se aprofundar no tema da lógica de programação, vale a pena conferir os livros indicados a seguir:

FEOFILOFF, P. **Algoritmos em linguagem C**. Rio de Janeiro: Campus/Elsevier, 2009.

FURLAN, M. et al. **Algoritmos e lógica de programação**. São Paulo: Thomson, 2005.

MIZRAHI, V. V. **Treinamento em linguagem C**. São Paulo: Pearson Education, 2008.

PEREIRA, S. do L. **Algoritmos e lógica de programação em C**: uma abordagem didática. São Paulo: Érica, 2010.

ZIVIANI, N. **Projeto de algoritmos**: com implementações em Pascal e C. 3. ed. São Paulo: Cengage Learning, 2010.

```
0000_0100 = IV
```

Conteúdos do capítulo:

_ Inicialização de variáveis.
_ Estruturas de seleção simples e composta.
_ Estruturas de seleção múltipla.
_ Estruturas de repetição.

Após o estudo deste capítulo, você será capaz de:

1. indicar as etapas lógicas utilizadas na construção de algoritmos;
2. reconhecer as estruturas lógicas usadas para controlar o fluxo de execução de um algoritmo;
3. aplicar reconhecer as estruturas de seleção e de repetição tomando por base suas particularidades, seus atributos e suas equivalências.

estruturas_
de_controle

O objetivo deste capítulo é apresentar a estrutura de execução e controle de um algoritmo para ser executado por um sistema computacional, com todas as estruturas de seleção e suas variantes, combinações e equivalências. Elas vão controlar as decisões ao longo da execução do algoritmo, baseada na entrada e na saída de informações do processo.

[Algoritmo: modelo geral]

A construção conceitual de um algoritmo é composta por três grandes blocos lógicos, a saber: **entrada**, **processamento** e **saída de dados**. Para que o fluxo de execução aconteça de forma ordenada, deve existir uma relação bem definida entre as estruturas de sequenciação, seleção e repetição.

A estruturação sequencial de um algoritmo define a localização dos blocos construtivos, iniciando-se na primeira linha e terminando na última linha dele. É importante que cada instrução (ou linha de comando) tenha um identificador único que defina o final dela.

Atenção: neste texto, vamos utilizar ponto e vírgula (;) para indicar o final de uma instrução e duas barras justapostas (//) para apontar comentários no algoritmo.

```
ALGORITMO 9 - MODELO GERAL DE UM ALGORITMO

início // início do algoritmo
//
// Declaração das variáveis
i = 1;
//
// Corpo do algoritmo
ação 1;
ação 2;
ação 3;
...
ação n;
fim // fim do algoritmo
```

[Inicialização de variáveis]

As tarefas realizadas por computadores são baseadas na manipulação e no tratamento de dados, e estes estão representados nos algoritmos e programas por uma entidade denominada **variável**. Uma variável, em computação, é um objeto que contém um valor ou expressão e só existe durante a execução de um programa.

As variáveis e seus conteúdos ficam armazenados em memória, ocupando o que chamamos de *posição de memória*, e são acessados por meio do respectivo endereço de memória, geralmente um número em hexadecimal. Assim, uma variável carrega dois atributos: o valor e o identificador, que é o nome dado a ela para possibilitar sua utilização. O uso de variáveis é muito importante para facilitar a programação e as estruturas de repetição e controle dos programas; a variável pode até mesmo conter um valor constante.

Um aspecto interessante da programação na maioria das linguagens é que as variáveis precisam ser inicializadas, ou seja, devem ter os valores iniciais declarados no início do programa. A inicialização em um programa evita que uma variável contenha "sujeira" (valores aleatórios em alguma posição de memória), o que pode influenciar os resultados alcançados.

■ Tipos de variáveis

Há diferentes tipos de variáveis, cada qual com função e características bem determinadas. A maioria deles está presente em praticamente todas as linguagens de programação. Usando a linguagem C* como exemplo, temos:

---

* C é uma linguagem de programação criada em 1972 para desenvolver o sistema operacional Unix. Ela se tornou uma das mais populares e tem influenciado muitas outras.

```
char:   Armazena um caractere;
int:    Armazena um número inteiro;
float:  Armazena um número real com certa precisão;
double: Armazena um número real com precisão maior que <float>;
void:   Tipo vazio.
```

■ Nomes das variáveis

Uma variável é referenciada em um programa por meio de um nome. Tecnicamente, quase todas as palavras podem ser utilizadas, com exceção de algumas e de símbolos reservados pela linguagem de programação. Tomando a linguagem C como exemplo, não se podem utilizar os símbolos { (+ - * / ; . , ? e as seguintes palavras: *auto, double, int, struct, break, enum, register, typedef, char, extern, return, union, const, float, short, unsigned, continue, for, signed, void, default, goto, sizeof, volatile, do, if, static, while*. Na Tabela 4.1, é possível observar alguns tipos de variáveis na linguagem C.

Tabela 4.1 - Alguns tipos de variáveis na linguagem C

Tipo	Bits	Formato	Início	Fim
Char	8	%c	-128	127
int	32	%d	-2.147.483.648	2.147.483.6470
Float	32	%f	+/- 10-38	+/- 1038
Double	64	%lf	+/- 10-308	+/- 10308

A definição do tipo adequado de variável é importante, pois cada um usa uma quantidade de memória para seu armazenamento. Escolher uma variável do tipo <double>, quando se poderia optar por outra do tipo <int>, pode tornar o programa bem mais eficiente. No entanto, a utilização de variáveis incompatíveis com os valores assumidos por elas pode causar sérios problemas ao programa.

[Estruturas de seleção]

Uma estrutura de seleção permite que determinado bloco lógico seja escolhido para entrar no fluxo de execução. Desse modo, os algoritmos podem reutilizar parte das rotinas para executar as tarefas.

■ Seleção simples (SE // IF)

Quando precisamos fazer um teste condicional antes de executar uma ação, podemos utilizar a função de seleção simples SE (em inglês, *IF*). Ela segue o modelo abaixo:

```
SE <condição>
   então
   executa ação;
FIMSE;
```

Essa função faz um teste sobre a <condição>, que na verdade é uma proposição. Lembrando as leis fundamentais do pensamento, uma proposição pode ser unicamente classificada como **falsa** ou **verdadeira**, nunca os dois ao mesmo tempo. Se o resultado do teste for "verdadeiro", a ação será executada; se for "falso", nenhuma ação será executada. Um exemplo: vamos escrever um algoritmo para calcular a média aritmética das quatro notas bimestrais de um aluno. A média aritmética é definida como a soma de todas as parcelas divididas pelo número delas, conforme indica a equação 1:

$$\text{média} = \frac{(\text{nota1} + \text{nota2} + \text{nota3} + \text{nota4})}{4}$$

```
ALGORITMO 10 - CÁLCULO DA MÉDIA ARITMÉTICA DAS NOTAS
BIMESTRAIS

início // início do algoritmo
//
// Declaração das variáveis
nota_1, nota_2, nota_3, nota_4;
média;
//
```

```
// Corpo do algoritmo
leia (nota_1, nota_2, nota_3, nota_4);
média <= (nota_1 + nota_2 + nota_3 + nota_4)/4;
escreva (média);
//
se (média >= 7);
   então
   escreva ("Aluno aprovado!!");
fimse;
fim // fim do algoritmo
```

Apesar de bastante simples, o algoritmo 10 descreve o uso da função SE. Mas o que acontece se a média do aluno for menor que 7? O algoritmo não tratou essa condição, portanto, nenhuma ação será realizada, e um programa que implemente esse algoritmo terminará sem enviar nenhuma mensagem ao usuário. Para resolver o problema, vamos estudar a função de seleção composta.

■ Seleção composta (SE/SENÃO // *IF/ELSE*)

Quando precisamos processar as duas alternativas dependentes da mesma condição, ou seja, se a proposição for verdadeira, é preciso executar algumas ações; se ela for falsa, é necessário executar outras ações. Podemos utilizar a função de seleção composta, como mostrado a seguir.

```
ALGORITMO 11 - ESTRUTURA GENÉRICA DA FUNÇÃO "SE"

SE <condição>
   então
   Início
      executa ação 1;
      executa ação 2;
      ...
      executa ação n;
   fim;
   senão
   executa outra ação;
FIMSE;
```

Para ilustrar a função de seleção composta, vamos utilizar o mesmo algoritmo de cálculo da média aritmética das notas dos quatro bimestres, mas agora nos apropriando da função de seleção composta SE/SENÃO.

ALGORITMO 12 - CÁLCULO DA MÉDIA ARITMÉTICA DOS ALUNOS
USANDO A FUNÇÃO "SE"

```
início // início do algoritmo
//
// Declaração das variáveis
nota_1, nota_2, nota_3, nota_4;
média;
//
// Corpo do algoritmo
leia (nota_1, nota_2, nota_3, nota_4);
média <= (nota_1 + nota_2 + nota_3 + nota_4)/4;
escreva (média);
//
se (média >= 7);
   então
   início
   escreva ("Aluno aprovado!!");
   escreva ("Boas férias!!");
   fim;
   senão
   início
   escreva ("Aluno reprovado");
   escreva ("Faça matrícula novamente");
   fim;
fimse;
fim // fim do algoritmo
```

É importante saber que várias estruturas podem ser encadeadas inúmeras vezes para validar situações que dependam de múltiplas verificações antes de executar uma ação. Essas funções serão analisadas mais adiante neste livro.

■ Seleção de múltipla escolha

Quando um conjunto bem definido de valores precisa ser testado e ações diferentes precisam ser executadas para cada um dos testes, podemos utilizar a função de seleção encadeada de múltipla escolha. Ela é muito utilizada na construção de "menus" de múltipla escolha para os usuários.

```
ESCOLHA <X>
   caso X=1: executa ação 1;
   caso X=2: executa ação 2;
   caso X=3: executa ação 3;
   caso X=n: executa ação n;
FIMESCOLHA;
```

Essa função é executada sequencialmente e avalia todas as opções até encontrar uma verdadeira, quando a respectiva ação será executada. Caso não existam opções verdadeiras em toda a lista, a função termina sem executar nenhuma ação.

Uma breve análise dessa função revela a ausência de uma funcionalidade bastante importante, porque, se nenhuma opção for válida, nada será executado, e isso pode não ser adequado.

Para completar essa situação, existe a função de seleção que também trata do caso contrário.

```
ESCOLHA <X>
   caso X=1: executa ação 1;
   caso X=2: executa ação 2;
   caso X=3: executa ação 3;
   caso X=n: executa ação n;
   caso contrário: executa ação Z;
FIMESCOLHA;
```

Vamos a um exemplo. Uma praça de pedágio precisa de um sistema de cobrança que emita os *tickets* para os clientes e minimize o tempo na cancela. São esperados cinco tipos de veículos, a saber: motocicletas, de passeio, utilitários, caminhões e especiais. Cada categoria apresenta custo próprio, por isso, para diminuir o tempo de atendimento, o operador deve escolher apenas o tipo de veículo. Assim, a nota fiscal no valor correto pode ser emitida rapidamente.

```
ALGORITMO 13 - EMISSÃO DE NOTA FISCAL DE PEDÁGIO
// Algoritmo para emissão de nota fiscal de pedágio
início // início do algoritmo
//
// Declaração das variáveis
pedágio_moto, pedágio_passeio, pedágio_utilitário;
pedágio_caminhão, pedágio_especial, tipo;
//
// Corpo do algoritmo
escreva ("Qual o tipo de veículo?")
escreva ("Digite 1 para moto");
escreva ("Digite 2 para carro de passeio");
escreva ("Digite 3 para utilitário");
escreva ("Digite 4 para caminhão");
escreva ("Digite 5 para especial");
leia (tipo);
```

```
      se (tipo = 1);
      então
   escreva ("Imprimindo ticket de moto");
      se (tipo = 2);
      então
   escreva ("Imprimindo ticket de carro de passeio");
      se (tipo = 3);
      então
   escreva ("Imprimindo ticket de utilitário");
      se (tipo = 4);
      então
   escreva ("Imprimindo ticket de caminhão");
      se (tipo = 5);
   escreva ("Imprimindo ticket de veículo especial");
      senão
         escreva ("Opção inválida... entre novamente");
   fim_se;
fim // fim do algoritmo
```

[Estruturas de repetição]

Uma importante característica das soluções computacionais é a possibilidade de repetição de tarefas com grande velocidade. No entanto, todos os algoritmos estudados até agora somente serão executados uma única vez. Para resolver esse problema, existem as estruturas de repetição (em inglês, *loop* ou *looping*), as quais permitem a repetição de determinadas partes de um algoritmo ou programa em um número finito de vezes. Aqui vale lembrar que a repetição em um número infinito de vezes pode indicar um problema no seu código e um funcionamento anormal do seu programa.

■ Repetição com teste no início (ENQUANTO/*WHILE*)

A estrutura de repetição com teste no início do código a ser repetido permite executar um trecho de código "enquanto" determinada condição for verdadeira. A forma genérica da estrutura ENQUANTO (em inglês, *WHILE*) é a seguinte:

```
ENQUANTO <condição> faça
   instrução 1;
   instrução 2;
   ...
   instrução n;
FIMENQUANTO;
```

O código dentro dessa estrutura de repetição é executado enquanto a condição for verdadeira; quando for falsa, ele é interrompido e o programa segue executando outras ações fora da estrutura de repetição ENQUANTO.

Vamos voltar ao algoritmo que calcula a média aritmética da nota dos alunos de uma turma, mas agora considerando essa turma com 30 alunos. Uma solução possível está descrita a seguir.

```
ALGORITMO 14 - CÁLCULO DA MÉDIA DAS AVALIAÇÕES DOS ALUNOS
início // início do algoritmo
  //
  // Declaração das variáveis
  nota_1,nota_2,nota_3,nota_4,média,contador;
  //
  // Corpo do algoritmo
  enquanto (contador < 30) faça
   leia (nota_1, nota_2, nota_3, nota_4);
   média <= (nota_1 + nota_2 + nota_3 + nota_4) / 4;
   escreva (média);
   //
   se (média >= 7);
     então
      início
       escreva ("Aluno aprovado!!");
       escreva ("Boas férias!!");
      fim;
     senão
      início
       escreva ("Aluno reprovado");
       escreva ("Faça matrícula novamente");
      fim;
   fim_se;
   contador = contador + 1
  fim_enquanto;
fim // fim do algoritmo
```

Existem dois aspectos interessantes no Algoritmo 14. O primeiro é que conhecemos a quantidade de alunos da turma, o que permitiu definir o número de repetições do *loop*. O segundo é que a variável <contador> foi inicializada com valor zero.

■ Repetição com teste no final (REPITA/*REPEAT*)

Existe uma estrutura de repetição que faz o teste ao final do trecho de código, ou seja, o *loop* é executado até que determinada condição seja verdadeira. A forma genérica da estrutura REPITA (em inglês, *REPEAT*) é a seguinte:

```
REPITA
  instrução 1;
  instrução 2;
  ...
  instrução n;
  ATE <condição>;
FIMREPITA;
```

Considerando o mesmo exemplo da média dos alunos, vamos ver como poderíamos reescrever o algoritmo, usando agora a estrutura REPITA.

```
ALGORITMO 15 - AVALIAR SE O NÚMERO É MAIOR OU MENOR QUE 10

início_algoritmo // início do algoritmo
  //
  // Declaração das variáveis
  número;
  //
  // Corpo do algoritmo
  repita
    limpatela
    escreva("Digite um número:")
    leia(número)
    se (número > 10) então
      escreva ("O número é maior do que 10")
    se_não
      escreva ("O número é menor ou igual a 10")
    fim_se
  até (número = 0)
fim_algoritmo // fim do algoritmo
```

■ Repetição com variável de controle (PARA/*FOR*)

As estruturas de repetição descritas anteriormente (ENQUANTO e REPITA) não determinam quantas vezes o *loop* será executado; sabemos apenas que isso ocorrerá enquanto a condição de verificação for verdadeira.

A estrutura de repetição com variável de controle (PARA/FOR) irá executar o código do *loop* por um número bem definido de vezes. A forma genérica de tal estrutura está descrita a seguir.

```
PARA <variável> de <v_inicial> até <v_final> passo <p> faça
   instrução 1;
   instrução 2;
   ...
   instrução n;
FIMPARA;
   em que:
   variável: variável de controle
   v_inicial: valor inicial da variável de controle
   v_final: valor final da variável de controle
   passo: incremento da variável <variável>
```

Vamos reescrever o algoritmo do cálculo da média da turma de 30 alunos utilizando a estrutura (PARA/FOR).

```
ALGORITMO 16 - CÁLCULO DA MÉDIA DE 30 ALUNOS

início_algoritmo // início do algoritmo
//
// Declaração das variáveis
média_aluno, média_turma, acumulador, aluno, nota;
//
// Corpo do algoritmo
nota = 0;
acumulador = 0;
para aluno de 1 até 30 faça
   limpatela
   escreva("Entre com a nota do aluno:")
   leia(nota)
   acumulador = acumulador + nota
   média_turma = acumulador / 30
escreva ("Média da turma é:",média);
fim_algoritmo // fim do algoritmo
```

[estudo de caso]

As estruturas de controle de fluxo em uma linguagem de programação são comandos utilizados para determinar a ordem em que eles devem ser executados pelo programa, considerando dada condição. Geralmente, tais estruturas utilizam expressões condicionais, mas também podemos fazer uso de operadores aritméticos, relacionais ou lógicos, desde que a expressão retorne um valor que possa ser testado. Também é possível testar várias condições ao mesmo tempo, utilizando operadores lógicos para unir as várias partes de uma expressão.

Mas existe uma função especial que permite um salto unidirecional para qualquer parte do programa. Estamos falando do comando GOTO. Via de regra, ele pode ser substituído pelas estruturas de controle, e os programadores mais puristas recomendam que ele nunca seja usado.

Os dois trechos de código ilustrados no Quadro 4.1 ilustram o uso da função GOTO e o uso da função FOR para realizarem a mesma tarefa (contar de 1 até 5). Note que o código usando a função FOR, além de menor (menos linhas de código), é de entendimento bem mais fácil.

Quadro 4.1 - Uso das funções GOTO e FOR

Programa utilizando a função GOTO	Programa utilizando a função FOR (PARA)
```\n#include <stdio.h>\n#include <stdlib.h>\nint main () {\nint i = 0;\ninicio:\nif (i < 5){\nprintf("Numero %d\n",i);\ni++;\ngoto inicio;\n}\nsystem("pause");\nreturn 0;\n}\n```	```\n#include <stdio.h>\n#include <stdlib.h>\nint main () {\nint i;\nfor (i=0; i<5; i++)\nprintf("Numero %d\n",i);\nsystem("pause");\nreturn 0;\n}\n```

Usar GOTO em linguagem C não é problema, afinal, a função existe para ser utilizada. O problema é o uso exagerado dela, que cria um código confuso e muito difícil de entender. Apenas como referência, o núcleo (*kernel*) do sistema operacional Linux tem mais de 1.400 casos de uso da função GOTO. Uma boa lógica de programação certamente vai reduzir a "quase" zero a necessidade de utilizar essa função.

[síntese]

Neste capítulo, vimos que um algoritmo é executado sequencialmente e que existem estruturas de controle de execução das ações dele. Também observamos que tais estruturas permitem que algumas instruções ou um bloco de instrução sejam ou não executados, dependendo da avaliação de determinadas condições ou de escolhas dos usuários. Na última parte, analisamos as estruturas de repetição e parada, além de três estruturas de *looping*.

[exercícios resolvidos]

O objetivo das questões comentadas é fazer uma reflexão sobre os temas apresentados neste capítulo. Procure acompanhar o raciocínio lógico adotado para a solução de cada uma delas.

1. Construa um algoritmo que efetue e some os números ímpares e múltiplos de 3 que existem no conjunto dos números reais no intervalo de 1 a 500.
   Resposta: Nesse tipo de questão, é necessário escolher a melhor estrutura de repetição para realizar a tarefa. De maneira geral, quando conhecemos o número de interações que o programa deve executar, a estrutura de repetição PARA (*FOR*) tende a ser a primeira opção. Vamos ao código. Lembre-se de que precisamos definir a condição de números ímpares e que sejam múltiplos de 3 (múltiplos de 3 significa que o resto da divisão do número por 3 deve ser zero).

```
ALGORITMO 17 - SOMA DOS MÚLTIPLOS DE 3 NO INTERVALO 1 A 500
início_algoritmo // início do algoritmo
   //
   // Declaração das variáveis
   soma, i: inteiro;
   //
   // Corpo do algoritmo
   i = 0;
```

```
para i de 1 até 500 faça
  se (i mod 2 = 1)então
    se
      se (i mod 3 = 0)
      soma = soma + i
      fim_se
    fim_se
  fim_se
fim_para
escreva ("A soma é:%d",soma)
fim_algoritmo
```

2. Uma seguradora tem nove tipos de produtos baseados na idade e na ocupação dos segurados, e seu público-alvo são pessoas entre 18 e 70 anos. Existem três grupos de risco. A tabela a seguir fornece as categorias em função da faixa etária e do grupo de risco. Dados nome, idade e grupo de risco, determine a categoria do pretendente à aquisição de tal seguro e imprima o nome, a idade e a categoria dele. Caso a idade esteja fora da faixa, seu algoritmo deve gerar uma mensagem de alerta.

Tabela 4.2 – Risco da operação de seguros

Idade	Grupo de risco		
	Baixo	Médio	Alto
18 a 20	1	2	3
21 a 30	2	3	4
31 a 40	3	4	5
41 a 60	4	5	6
60 a 70	7	8	9

Resposta: // Gera certificado de seguro conforme faixa etária e // nível de risco

```
início_algoritmo
variáveis:
 idade,grupo:inteiro
 nome,risco: caractere
início
 escreva("Digite o nome:")
 leia(nome)
 escreva("Digite a idade:")
 leia(idade)
 escreva("Informe o grupo de risco:")
 escreva("(B)aixo/(M)édio/(A)lto")
 leia(grupoRisco)
 se (idade >= 17) e (idade <= 70) então
```

```
se idade <= 20 então
 escolha grupoRisco
        caso "B"
            grupo = 1
        caso "M"
            grupo = 2
        caso "A"
            grupo = 3
    fim_escolha
senão
    se idade <= 24 então
        escolha grupoRisco
            caso "B"
                grupo = 2
            caso "M"
                grupo = 3
            caso "A"
                grupo = 4
        fim_escolha
    senão
        se idade <= 34 então
            escolha grupoRisco
                caso "B"
                    grupo = 3
                caso "M"
                    grupo = 4
                caso "A"
                    grupo = 5
            fim_escolha
        senão
            se idade <= 64 então
                escolha grupoRisco
                    caso "B"
                        grupo = 4
                    caso "M"
                        grupo = 5
                    caso "A"
                        grupo = 6
                fim_escolha
            senão
                escolha grupoRisco
                    caso "B"
                        grupo = 2
                    caso "M"
                        grupo = 3
                    caso "A"
                        grupo = 4
                fim_escolha
            fim_se
        fim_se
    fim_se
fim_se
senão
    escreva("Idade fora da cobertura!")
fim_se
escreva("Nome:",nome)
escreva("Idade:",idade)
escreva("Categoria:",grupo)
fim_algoritmo
```

3. Escreva o algoritmo que calcula o fatorial de um número dado *n*. Apenas recordando: fatorial de um número *n* é o produto de todos os números inteiros positivos menores ou iguais a *n*. Fatoriais são muito importantes na disciplina de análise combinatória, pois existem *n*! maneiras diferentes de combinar *n* objetos distintos. Vale esclarecer que *n!* significa fatorial do número *n*.

Resposta: Como sabemos quantos elementos teremos que somar para calcular o resultado do fatorial, podemos utilizar a estrutura de repetição <para>, tendo como último algarismo o número informado pelo usuário. Outro ponto interessante é que, ao invés de incrementar o contador, nesse caso, precisamos decrementá-lo. Isso é feito pela expressão <nun-1> na estrutura de repetição.

```
ALGORITMO 18 - CÁLCULO DO FATORIAL DE UM NÚMERO
//Algoritmo para cálculo do fatorial de um número
//
início_algoritmo
  Variáveis:
    nun, aux, fatorial: real
início
  escreva("Qual o número a calcular o fatorial?")
  leia(nun)
  fatorial = nun
  para aux de nun até nun-1 faça
    escreva("Fator",fatorial)
    fim_para
    escreva("Fatorial de n é igual a",fatorial)
fim
fim_algoritmo
```

4. Escreva um algoritmo que realiza a operação matemática de multiplicação pela soma de parcelas. Ele deve solicitar os dois números inteiros e, então, executar a soma. Por exemplo: para realizar a operação 3 × 4, o programa deve executar a operação 4 + 4 + 4 = 12.

Resposta: A ideia nessa questão é utilizar uma estrutura de repetição. Como sabemos quantas vezes devemos executar o *loop*, podemos utilizar a função <para>, que atende bem nessas condições.

ALGORITMO 19 - MULTIPLICAÇÃO PELO MÉTODO DA SOMA DAS PARCELAS

```
//Algoritmo para multiplicação pelo método da soma das //parcelas
início_algoritmo
  Variáveis:
    nun_1, nun_2, aux, soma: real
início
  escreva("Digite o multiplicador")
  leia(nun_1)
  escreva("Digite o multiplicando")
  leia(nun_2)
  soma = 0
  para aux=1 até nun_1 faça
    soma = soma + nun_2
  fim_para
  escreva("O produto é:", soma)
fim_algoritmo
```

5. Escreva um algoritmo que calcula o valor da conta de energia elétrica de acordo com os preços apresentados a seguir. Existem somente três tipos de consumidores (residencial, comercial e industrial) e seu programa deve tratar da entrada de fornecedor fora desse escopo. Os custos para cada tipo de consumidor são: R$ 0,20/KWh para residenciais; R$ 0,35/KWh para comerciais; e R$ 1,50/KWh para industriais.

Resposta: Nesse tipo de questão, em que todas as categorias são conhecidas, a função <caso> resolve bem o problema e ainda trata casos não previstos. Veja como ficou o algoritmo.

ALGORITMO 20 - CÁLCULO DA CONTA DE ENERGIA CONFORME TIPO DE RESIDÊNCIA

```
//Algoritmo para cálculo da conta de energia conforme //o tipo de residência
início_algoritmo
variáveis:
residência, kw: inteiro
consumo: real
início
 escreva("Informe o tipo de residência:")
 escreva("1-Residência")
 escreva("2-Comércio")
 escreva("3-Indústria")
 leia(residência)
  escolha residência
    caso 1
      escreva("Informe os KW gastos no mês:")
      leia(kw)
      consumo = kw * 0,20
      escreva("Valor da conta:",consumo)
```

...da filosofia às linguagens de programação

```
        caso 2
            escreva("Informe os KW gastos no mês:")
            leia(kw)
            consumo = kw * 0,35
             escreva("Valor da conta:",consumo)
        caso 3
            escreva("Informe os KW gastos no mês:")
            leia(kw)
            consumo = kw * 1,50
            escreva("Valor da conta:",consumo)
        outrocaso
            escreva ("Tipo de residência inválido")
fim_escolha
fim_algoritmo
```

[questões para revisão]

1. Sobre as estruturas de controle de fluxo, identifique as afirmativas verdadeiras (V) e as falsas (F):

   ( ) As estruturas de repetição têm a função de executar determinado trecho de um programa e o número de repetições deve ser conhecido ou determinado previamente, além de ser finito.

   ( ) Uma estrutura de repetição utiliza variáveis de controle que definem exatamente o número máximo de vezes que o trecho de código será executado.

   ( ) Nas estruturas de controle, é sempre necessário testar as condições para a execução de uma instrução ou de um trecho de código.

   ( ) Estruturas de repetição são utilizadas para controlar a execução de determinado trecho de código um certo número de vezes. A interrupção do laço de repetição ocorre quando há uma determinada condição que é verificada a cada nova interação.

( ) A execução de um laço de repetição permanece ativa enquanto o resultado do teste for verdadeiro; já a saída da estrutura de repetição acontece quando o resultado do teste é falso.

Assinale a alternativa que apresenta a sequência correta:

a. V, V, V, F, F.

b. F, F, F, V, F.

c. V, V, F, F, F.

d. F, F, V, V, F.

e. V, F, V, F, V.

2. A função ENQUANTO executa um trecho de um programa até que a condição estabelecida seja verdadeira. Considerando o trecho de código a seguir, qual serão os valores de X e Y após a execução da função ENQUANTO?

```
INICIO
Var X, Y
X = 2
Y = 1
Enquanto X < 10 FAÇA
X = X + 1
Y = Y + 2
Fim_enquanto
Imprima X e Y
```

a. 7 e 11.

b. 6 e 12.

c. 8 e 11.

d. 9 e 12.

e. 10 e 11.

3. Uma das funções de controle de fluxo bastante utilizada é "REPETIR ...ATÉ QUE". Analise as afirmações a seguir e identifique as verdadeiras (V) e as falsas (F) sobre essa função:

( ) O teste da condição de controle é realizado somente no fim da estrutura e a saída da estrutura de repetição acontece quando o resultado do teste é falso.

( ) As instruções no laço de repetição são executadas obrigatoriamente pelo menos uma vez e a saída da estrutura de repetição ocorre quando o resultado do teste é falso.

( ) O teste da condição de controle é sempre realizado no início da estrutura e a saída da estrutura de repetição ocorre quando o resultado do teste é verdadeiro.

( ) A execução permanece no *loop* enquanto o resultado do teste for falso e a saída da estrutura de repetição ocorre quando o resultado do teste é verdadeiro.

( ) A execução do laço de repetição permanece ativa enquanto o resultado do teste for verdadeiro e a saída da estrutura de repetição ocorre quando o resultado do teste é falso.

Assinale a alternativa que apresenta a sequência correta:

a. V, V, V, F, F.

b. F, F, F, V, F.

c. V, F, F, F, V.

d. V, F, V, F, V.

e. F, V, V, V, F.

4. Um comerciante persa retornou de sua longa viagem ao Oriente, onde comercializou todos os seus produtos e especiarias. Pelos produtos entregues, o comerciante recebeu 90 moedas de ouro, mas chegando em casa desconfiou que em meio ao conjunto de 90 moedas uma delas era falsa, por ser mais leve que as demais. Ele dispunha de apenas uma balança de dois pratos (somente comprara a massa dos objetos colocadas nos pratos, sem indicar o valor). Construa um algoritmo que encontre a moeda falsa com o menor número possível de pesagens.

5. Três famílias de imigrantes italianos se reuniram em um restaurante para o almoço de domingo. O garçom trouxe o vinho em três jarras de vidro transparentes e sem nenhuma marcação de volume, sendo que cada uma das jarras tem capacidade para 8 copos, 5 copos e 3 copos respectivamente. Somente a jarra de 8 copos está cheia. Escreva um algoritmo para repartir o conteúdo da jarra de 8 copos em partes iguais nas duas jarras menores.

[questões para reflexão]

1. Uma das grandes vantagens do computador é realizar tarefas repetitivas de forma automática e bastante rápida. O triângulo de Pascal (ou triângulo de Tartaglia) é um triângulo numérico infinito formado pela soma dos números adjacentes, como mostrado na figura a seguir:

	0	1	2	3	4	5	6
0	1	1	1	1	1	1	1
1	1	2	3	4	5	6	
2	1	3	6	10	15		
3	1	4	10	20			
4	1	5	15				
5	1	6					
6	1						

   Como seria um programa de computador para imprimir no monitor um triângulo de Pascal?

2. Muitas vezes, o cálculo algébrico pode simplificar bastante a solução de um problema. Computacionalmente, um programa pode executar várias operações e ter um desempenho ruim ou o programador pode simplificar as equações e ter o mesmo resultado de forma muito mais rápida. A seguir, vemos um exemplo "mágico" de um problema desse tipo. Tente identificar como ele pode ser resolvido com apenas uma operação matemática.

Faça o seguinte raciocínio.

```
Passo 1: Pense em um número N qualquer
Passo 2: Multiplique esse número que você pensou por 2
Passo 3: Adicione 42 ao resultado do passo 2
Passo 4: Divida o resultado por 2
Passo 5: Subtraia o número N pensado do resultado do
passo 4
O resultado será SEMPRE 21
```

[para saber mais]

Que tal estudar mais minuciosamente as estruturas de controle em linguagem C? Os livros da lista a seguir trazem conteúdos bastante interessantes a esse respeito. Confira:

AGUILAR, L. J. **Programação em C++**: algoritmos, estrutura de dados e objetos. São Paulo: McGraw-Hill, 2008.

PINHEIRO, F. A. C. **Elementos de programação em C**. Porto Alegre: Bookman, 2012.

POLETINI, R. A. **Linguagem de programação C**: primeiros programas. Rio de Janeiro: Ciência Moderna, 2014.

SILVEIRA, P.; ALMEIDA, A. **Lógica de programação**. São Paulo: Casa do Código, 2012.

SOFFNER, R. **Algoritmos e programação em linguagem C**. São Paulo: Saraiva, 2013.

```
0000_0101 = V
```

Conteúdos do capítulo:

_ Tipos de dados utilizados em linguagem C.
_ Expressões matemáticas e seus operadores aritméticos e lógicos.
_ Precedência das operações aritméticas e lógicas.
_ Manipulação de dados e declaração de variáveis.

Após o estudo deste capítulo, você será capaz de:

1. estabelecer os tipos de dados e suas características e identificar o melhor tipo de variável para utilizar em seus programas;
2. montar as expressões aritméticas conforme a ordem de precedência e utilizar os operadores para alterar essa precedência;
3. executar expressões aritméticas e lógicas em linguagem C usando a ordem natural ou com parâmetros de precedência;
4. determinar as variáveis de um programa em C de modo a atender às necessidades do programa usando a menor quantidade de memória possível.

expressões_

Um algoritmo apresenta várias estruturas de controle, de seleção e de encadeamento de dados. Estes, para serem manipulados por computadores, precisam ser armazenados e processados de acordo com o tipo de informação que representam e da operação que será realizada com eles. A representação correta da informação torna ótimo o uso dos recursos computacionais e ainda acelera o processamento.

[Tipos de dados]

Os sistemas computacionais precisam manipular dados de vários formatos (texto, numéricos), e cada um deles tem um grupo de operações bem determinado. Para definir os valores e as operações que uma variável pode executar, definimos, na sequência, os vários tipos de dados.

■ Dados do tipo inteiro

Os **dados do tipo inteiro** são os números pertencentes ao conjunto dos inteiros, isto é, não apresentam parte fracionária e podem ser positivos, nulos ou negativos. Exemplos: 2 carros, 1 abóbora, 25 pessoas, –234 reais na conta.

■ Dados do tipo real

Os **dados do tipo real** são os números pertencentes ao conjunto dos reais e, claro, apresentam uma parte fracionária. Também podem ser chamados de *ponto flutuante*, pela maneira como são armazenados pelos computadores. Exemplos: 3,5 litros de água, número π = 3,141592, número e = 2,71828182.

■ Dados do tipo caractere

Os **dados do tipo caractere** são os valores pertencentes ao conjunto de todos os caracteres numéricos (0... 9), alfabéticos (a... z, A... Z) e especiais (&, %, $, @ etc.). Esse conjunto é conhecido como *caracteres alfanuméricos*, os quais são armazenados pelos computadores na forma numérica (binária), utilizando o padrão ASCII*.

■ Dados do tipo lógico

Os **dados do tipo lógico**, ou *booleanos* (relativos à Álgebra de Boole), são utilizados para representar informações que somente podem assumir dois valores: o verdadeiro (V) ou o falso (F). Em computação, podem estar associados a níveis lógicos 0 e 1 ou a estados, como *ligado* ou *desligado*.

[Constantes e variáveis]

Além da classificação em tipos, os dados também podem pertencer a duas classes bem distintas: a de **constantes** e a de **variáveis**. A definição é bem simples: um dado é uma constante quando seu valor não se altera ao longo do tempo de execução do algoritmo; de forma similar, ele se caracteriza como variável se seu valor é alterado durante a execução do programa.

Vamos a um exemplo. Em um algoritmo para calcular a área de uma circunferência (área = πr^2), o valor de π é constante, pois é sempre igual a 3,1416..., e o raio r é variável, pois pode assumir valores distintos a cada execução do cálculo da área. Da mesma forma, o resultado desse algoritmo será armazenado na variável <área>.

---

* ASCII (American Standard Code for Information Interchange) é um conjunto de códigos usado para representar em binário todos os caracteres alfanuméricos.

[Expressões aritméticas]

Computacionalmente, a maioria dos algoritmos trabalha manipulando expressões matemáticas cujas regras precisam ser conhecidas para que funcione de maneira adequada. As expressões aritméticas são aquelas compostas por operadores matemáticos do tipo numérico (inteiro ou real). As operações aritméticas fundamentais são: adição, subtração, multiplicação, divisão, potenciação, divisão inteira e o resto da divisão. A Tabela 5.1 apresenta esses operadores.

Tabela 5.1 – Operadores aritméticos

Operação	Operador	Exemplo
Adição	+	2+3+4
Subtração	-	7-2-1
Multiplicação	*	3*4*7
Divisão	/	12/4
Potenciação	^ ou **	2^3 ou 2**3
Resto da divisão	Mod	10 mod 3
Divisão inteira	Div	10 div 4

■ Precedência dos operadores aritméticos

Quando uma expressão aritmética é processada por um algoritmo, existe uma ordem bem definida de processamento dos operadores. Assim, as expressões que contêm esses operadores serão avaliadas primeiro e seu valor será substituído pela expressão inteira. Sequencialmente, a seguinte será avaliada e processada, e assim sucessivamente, até que toda ela seja reduzida a um único valor.

No entanto, muitas vezes precisamos alterar a ordem natural de processamento de uma expressão aritmética, e para isso existem alguns operadores de precedência.

Tabela 5.2 – Precedência geral dos operadores aritméticos

Ordem	Operação	Símbolo
1º	Parênteses	( )
2º	Potenciação	^ ou **
3º	Multiplicação, divisão, resto e divisão inteira	*, /, mod, div
4º	Adição e subtração	+, -

Se nenhum dos operadores for utilizado para alterar a ordem de execução das expressões, o algoritmo irá executá-las conforme a precedência definida na Tabela 5.2. A maneira de alterar essa ordem é por intermédio de parênteses. Eles são os primeiros a serem executados, sempre a partir dos mais internos para os mais externos. Vamos a um exemplo de como o computador interpreta a expressão (5 + 2)^2 * (7 - 3) + 8 =.

```
1° passo: (5 + 2)^2 * (7-3) + 8 =
2° passo: (7)^2 * (4) + 8 =
3° passo: 49 * (4) + 8 =
4° passo: 196 + 8 =
5° passo: 204
```

As operações foram executadas respeitando-se a ordem determinada pelos parênteses e, na sequência, na ordem natural das operações (potência, multiplicação e soma). Vamos agora avaliar o exemplo da expressão a seguir:

$$\frac{(10 + 2^3)}{4 + 2} + 10 =$$

Uma expressão matemática (2) deve ser escrita em uma única linha de código, portanto, utilizar os parênteses nos locais corretos é muito importante para que o resultado final seja adequado. Vamos ver como podemos representar a expressão anterior em uma única linha.

```
1° passo: ((10 + 2^3) / (4 + 2)) + 10 =
2° passo: ((10 + 8) / (4 + 2)) + 10 =
3° passo: (18 / 6) + 10 =
4° passo: 3 + 10 =
5° passo: 13
```

Um erro bastante comum na definição de expressões aritméticas são os parênteses não pareados, o que, dependendo da complexidade das expressões, torna difícil a correta localização. Uma dica para evitar esse erro é contar quantos parênteses esquerdos e direitos existem, eles devem ser em igual número.

Vejamos mais alguns exemplos. Vamos avaliar um programa real, escrito em linguagem C, que faz uma operação aritmética com três algarismos.

ALGORITMO 21 - CÁLCULO DA SOMA DE TRÊS ALGARISMOS

```
//Algoritmo calcula o resultado da operação aritmética //soma=2+2*2
//
#include <stdio.h>
int soma;
main (){
soma = 2+2*2;
printf("O resultado é %d\n", soma);
return(0);
}
```

Claramente, o resultado da operação aritmética 2+2*2 é 6. Essa é uma anedota que tenta induzir as pessoas a realizarem a operação de adição antes da de multiplicação, o que claramente é um equívoco. Sem nenhuma definição de precedência, ela será processada na seguinte ordem:

```
1º passo → 2 * 2
2º passo → 2 + 4
Resultado → 6
```

Utilizando os operadores de precedência, podemos alterar a ordem natural das operações matemáticas. Vamos avaliar novamente o código anterior, mas agora com estruturas de precedência.

ALGORITMO 22 - CÁLCULO A SOMA DE TRÊS ALGARISMOS COM PRECEDÊNCIA

```
//Algoritmo calcula o resultado da operação aritmética //soma=2+2*2
com precedência
//
#include <stdio.h>
int soma;
main (){
soma = (2+2)*2;
```

```
        printf("O resultado é %d\n", soma);
        return(0);
}
1° passo → 2 + 2
2° passo → 4 * 2
Resultado → 8
```

Os dois últimos exemplos foram uma implementação real de um algoritmo em linguagem de programação C. Embora bem simples, vamos comentar cada uma das linhas desse pequeno programa.

As barras duplas (//) definem uma linha de comentários que são um texto informativo inserido no programa para documentá-lo. Os comentários também são muito utilizados como método de depuração (análise de problemas). Para isso, basta comentar o trecho de código no qual existem problemas e verificar se eles persistem ao executar o programa novamente. Além do comentário de linha (//), existe também o de trecho, que se inicia com /* e termina com */. Nesse caso, todas as linhas entre esses dois símbolos serão consideradas comentários.

A primeira linha do código propriamente dito começa com #include <biblioteca>, que adiciona bibliotecas com funções já definidas. Todas as linhas que comecem com o símbolo (#) indicam para o compilador carregar alguma biblioteca padrão da linguagem C. Uma biblioteca em linguagem de programação é um conjunto de funções já definidas e que podem ser utilizadas no programa, o que evita que o programador tenha de implementar funções já existentes. A biblioteca mais comum é a <stdio.h>, que tem a maioria dos comandos de uso geral. Por exemplo, a função <printf>, que imprime na tela do monitor o resultado do programa, é definida na biblioteca <stdio.h>. Além dela, existem várias outras de uso geral, como mostra a Tabela 5.3.

Tabela 5.3 – Outras bibliotecas da linguagem C

Biblioteca	Principais funções
<stdio.h> - Standard input/output	printf( ); scanf( ); fopen( ); fclose( ); fprintf( ); puts( ); getchar( );
<stdlib.h> - conversão numérica, armazenamento	atoi( ); atof( ); rand( ); exit( ); malloc( ); abs( );
<string.h> - manipulação de strings	strcpy( ); strcmp( ); strlen( ); strcat( );
<math.h> - funções matemáticas	sin( ); cos( ); exp( ); sqrt( ); fabs( ); log( ); pow( ); sinh( );
<time.h> - manipulação de tempo/data	clock( ); time( );

Agora vamos avaliar a estrutura do programa. A linguagem C é estruturada em funções – uma forma de organizar trechos específicos de código –, e cada uma aparece sempre delimitada por chaves { }. No exemplo da Tabela 5.3, usaremos a função <main> para colocar o código principal do programa. Essa função é especial porque define o ponto de início de um programa, portanto, em quase todos os programas em C ela está presente. Existem casos especiais em que não é utilizada, mas estão fora do escopo deste livro.

De modo geral, uma função em linguagem C é composta de três fatores:

1. **Nome**: É a identificação da função no programa. A escolha dele é atribuição do programador.
2. **Parâmetros**: São as informações passadas à função, como "tipo" ou "nome de parâmetro", que indicam como devem ser processadas pela função.
3. **Retorno**: Representa o valor final que a função retornará ao sistema quando terminar de executar.

Casos especiais em operações aritméticas

As expressões aritméticas apresentam indefinições e indeterminações, como o resultado da divisão de um número por zero (1/0 é indefinido) ou a divisão de zero por zero (0/0 é indeterminado). Em computação, durante a execução os algoritmos podem gerar situações como a divisão por zero ou a raiz quadrada de números negativos.

ALGORITMO 23 - TRATAMENTO DO ERRO DE DIVISÃO POR ZERO

```
//Algoritmo executa uma divisão por zero
//
#include <stdio.h>
int div;
main (){
div = 1/0;
printf("O resultado é %d\n", div);
return(0);
}
```

Na linguagem C, a ocorrência declarada no código de uma divisão por zero é tratada no compilador. Veja a seguir a mensagem de erro durante a compilação do programa escrito em linguagem C.

```
marcosf: $ gcc div_zero.c -o div_zero.out
div_zero.c: In function 'main':
div_zero.c: Warning: division by zero [Wdiv-by-zero]
soma = 1/0;
       ^ //indicação do erro na expressão
marcosf: $
```

[Expressões lógicas]

As expressões lógicas são aquelas cujos operadores só podem ter dois valores, a saber: verdadeiro ou falso. Elas se compõem de operadores relacionais, operadores lógicos e por variáveis também do tipo lógico e são utilizadas para representar situações lógicas (proposições).

Os operadores lógicos são os mesmos estudados no item 2.3 (Estruturas lógica p. 44) e compreendem E (*AND*), OU (*OR*), SE ENTÃO, SE E SOMENTE SE e o operador de negação NÃO (*NOT*).

Tabela 5.4 - Operadores relacionais e lógicos

Operadores relacionais		Operadores lógicos	
>	Maior que	&&	E (and)
<	Menor que	||	OU (or)
>=	Maior ou igual	!	NOT
<=	Menor ou igual		
=	Igual		
!=	Diferente		

[Manipulação de dados]

A maioria dos nossos algoritmos é uma representação de um raciocínio lógico que resolve algum problema da vida cotidiana usando ferramentas computacionais. Grande parte deles fará manipulações de dados e informações digitais, portanto, manipularão variáveis.

Cada variável em um programa de computador precisa ter um identificador único, um nome que seja reconhecido pelo computador e utilizado para acessar seu conteúdo e fazer operações com ele. A escolha desse nome obedece a algumas regras:

_ deve começar com um caractere alfabético;
_ não pode conter caracteres especiais nem espaços, com exceção do sublinhado;
_ não é permitido utilizar palavras reservadas de uma linguagem de programação.

A escolha do nome da variável é feita pelo programador. Uma boa prática é o uso de palavras mnemônicas, ou seja, aquelas que tenham relação forte e nos façam lembrar a natureza do conteúdo armazenado. Isso facilita a leitura e o entendimento do código programado, além de ajudar na documentação. Por exemplo, uma variável nominada <idade_filhos> ou <nome_cidade> remete a grandezas conhecidas. O uso de variáveis como <X>, <Y> ou <Z> não remete a nenhuma grandeza.

■ Declaração de variáveis

Um algoritmo computacional manipulará dados armazenados em variáveis. Cada uma tem um identificador único, um nome, como definido no item anterior, mas somente isso não é suficiente; é necessária também a informação de tipo da variável. A atribuição do identificador de uma variável e a definição do seu tipo são conhecidas como *declaração de variáveis*. Uma vez declarada, a variável poderá armazenar apenas dados daquele tipo (inteiro, real, lógico). Se houver uma tentativa de atribuir a uma variável um tipo diferente daquele definido, ocorrerão erros de compilação ou mesmo de execução.

De forma geral, a atribuição de valores a uma variável pode ser feita de duas maneiras:

```
<nome da variável> ← valor da variável
<nome da variável> ← operações do mesmo tipo da variável
```

A linguagem C apresenta os seguintes tipos de variáveis (principais):

_ *char*: armazena um carácter;
_ *int*: armazena um número inteiro;
_ *float*: armazena um número real com certa precisão;
_ *double*: armazena um número real mais preciso que o tipo float;
_ *void*: tipo vazio.

Existem, ainda, algumas variações dos tipos mencionados, como <unsigned char>, <long int>, <unsigned int>, <unsigned long int>, <short int> e <unsigned short int>. Esses vários tipos (e subtipos) são necessários porque cada um ocupa uma quantidade bem definida de memória. O uso do tipo correto permite economizar memória, além de acelerar o processamento do programa.

No corpo do programa existem basicamente duas formas de realizar a declaração das variáveis, a saber:

```
#include <stdio.h>
    int soma;
    unsigned int a, b, c;
    unsigned short int dia, mes, ano;
  double salario;
#include <stdio.h>
    int soma=0;
    unsigned int a=3, b=5, c=9;
    unsigned short int dia=3, mes=12, ano=2014;
double salario=10735.25;
```

Lembre-se de que a declaração de uma variável causa a alocação de um espaço de memória de acordo com o tipo da variável inserida para armazenar o conteúdo dela. Em linhas gerais, todas as variáveis devem ser declaradas antes de serem utilizadas pelo programa. Outro aspecto importante: variáveis declaradas e não inicializadas com valores adequados no programa podem conter "lixo", precisando essa condição ser considerada.

Confira, na sequência, alguns exemplos e seus resultados.

```
ALGORITMO 24 - OPERAÇÃO COM VARIÁVEIS DO TIPO "INT"
(INTEIRAS)

Código com variáveis do tipo int (inteiro)
#include <stdio.h>
int main(){
int a = 1000.43;
int b = 1000.0;
int resultado;
resultado = a-b;
printf("O valor de A-B é %d\n", resultado);
return (0);
}
```

Resultado:

O valor de A - B é 0.

```
ALGORITMO 25 - OPERAÇÃO COM VARIÁVEIS DO TIPO "FLOAT"
(PONTO FLUTUANTE)

Código com variáveis do tipo float (ponto flutuante)
#include <stdio.h>
int main(){
float a = 1000.43;
float b = 1000.0;
float resultado;
resultado = a-b;
printf("O valor de A-B é %f\n", resultado);
return (0);
}
```

Resultado:

O valor de A - B é 0.430000.

ALGORITMO 26 - OPERAÇÃO COM VARIÁVEIS DO TIPO "DOUBLE"

```
#include <stdio.h>
int main(){
double a = 1000.43;
double b = 1000.0;
double resultado;
resultado = a-b;
printf("O valor de A-B é %lf\n", resultado);
return (0);
}
```

Resultado:

O valor de A - B é 0.429993.

Apesar de o código executado ser o mesmo, o tipo de variável foi alterado gerando resultados diferentes. No código com variáveis inteiras (tipo INT), a parte decimal das variáveis <a> e <b> foi ignorada, pois o tipo inteiro não compreende a parte decimal.

No código com as variáveis do tipo <float>, o número 1000,43 é representado por 32 *bits* que em binário é escrito como 1111101000.01101110000101 ou 1000.429993 em decimal. O resultado obtido é a diferença entre os valores 1000.429993 e 1000.000000.

No código com a variável <double>, os números são representados por 64 *bits*, o que permite representar a mantissa com 53 *bits*. A Tabela 5.5 mostra os vários tipos de dados definidos para a linguagem C.

Tabela 5.5 - Tipos de dados padrão ANSI C

Tipo	*Bytes*	Faixa
Char	1	-127 a 127
Unsigned char	1	0 a 255
Signed char	1	-127 a 127
Int	4	-2.147.483.648 a 2.147.483.647
Unsigned int	4	0 a 4.294.967.295
Signed int	4	-2.147.483.648 a 2.147.483.647
Short int	2	-32.768 a 32.767
Unsigned short int	2	0 a 65.535

(continua)

(Tabela 5.5 – conclusão)

Tipo	Bytes	Faixa
Signed short int	2	-32.768 a 32.767
Long int	4	-2.147.483.648 a 2.147.483.647
Signed long int	4	-2.147.483.648 a 2.147.483.647
Unsigned long int	4	0 a 4.294.967.295
Float	4	Seis dígitos de precisão
Double	8	Dez dígitos de precisão
Long double	10	Dez dígitos de precisão

Fonte: Adaptado de Cooper, 1987, p. 218.

[síntese]

Neste capítulo, foram apresentadas as definições que envolvem a manipulação dos tipos de dados. Esse conceito existe em todas as linguagens de programação e pode influenciar o tempo de processamento e até mesmo os resultados do programa. Por essa razão, é necessário que se tenha atenção à escolha do tipo de variável no início da construção do código, porque, além de determinar a quantidade de memória que o programa vai utilizar, ele ainda determina que operações o programa poderá executar com os dados.

[exercícios resolvidos]

O objetivo das questões comentadas é fazer uma reflexão sobre os temas apresentados neste capítulo. Procure acompanhar o raciocínio lógico adotado para a solução de cada uma delas.

1. A evolução dos sistemas operacionais percorreu vários estágios e esteve sempre associada à capacidade dos sistemas de processar instruções mais complexas e com mais *bits*. Assim, passamos por sistemas de 8 *bits*, 16 *bits*, 32 *bits* e temos aqueles de 64 *bits*. Considerando o sistema mais comum atualmente (32 *bits*), qual o maior número que pode ser endereçado nele?

Resposta: A questão pede que seja identificado o maior número inteiro que pode ser representado por uma palavra de 32 *bits*. Vamos entender a lógica.

Com 1 *bit* é possível escrever 2 combinações que são 0 e 1.

Com 2 *bits* podemos fazer 4 combinações, a saber: 00, 01, 10, 11.

Com 3 *bits* podemos escrever 8 combinações, a saber: 000, 001, 010, 011, 100, 101, 110, 111.

Com 4 *bits* podemos fazer 16 combinações, mas, olhando a lógica de formação, nota-se que a regra geral é *2n*, em que *n* é o número de *bits*.

Entendida a regra geral, podemos resolver o problema e determinar qual o maior número que pode ser escrito com uma palavra de 32 *bits* ou 2³² = 2.147.483.647.

2. Escreva um algoritmo que calcule o perímetro de uma circunferência de raio *r*.

Resposta: Essa é uma questão bastante simples do ponto de vista matemático: basta a aplicação direta da fórmula P = $\pi \cdot r^2$. Mas a dúvida pode surgir quanto à escolha do tipo das variáveis, pois o número π tem infinitas casas decimais. Certamente a indefinição se concentra entre as variáveis do tipo <normal>, <double> e <float>. Vamos ver o resultado com cada uma delas e discutir sobre eles. Primeiramente, um exemplo usando variáveis do tipo inteira, que têm 32 *bits* (na maioria dos computadores) e podem armazenar valores inteiros no intervalo de -2.147.483.648 a 2.147.483.647.

```
ALGORITMO 27 - EXEMPLO USANDO VARIÁVEIS DO TIPO "INT"
(INTEIRA)

//Código usando a função com variáveis inteiras
#include <stdio.h>
#include <math.h>
int main()
{
```

```
    int perimetro;
    int raio;
    int pi;
    pi=3.14159;
    printf("Digite o valor do raio:");
    scanf("%d",&raio);
    perimetro = (2*pi*raio);
    printf("O perimetro é: %d \n", perimetro);
    return(0);
}
marcosf@marcosf:~/exemplos$
marcosf@marcosf:~/exemplos$ ./inteiro.out
Digite o valor do raio: 10.3
O perimetro é: 60
marcosf@marcosf:~/exemplos$
```

Nesse exercício, utilizando as variáveis do tipo inteira, podemos ver o resultado igual a 60. Isso aconteceu porque a parte fracionária foi desprezada; assim, a equação que deveria ser P = 2 * 3,14159 * 10,3 se transformou em P = 2 * 3 * 10 => 60.

Vamos agora ao exemplo utilizando variáveis do tipo <float>. Elas também têm 32 *bits*, dos quais 1 para o sinal, 8 para o expoente e 23 para a mantissa. Vejamos o resultado.

```
ALGORITMO 28 - EXEMPLO USANDO VARIÁVEIS DO TIPO "FLOAT"

//Código usando a função com variáveis float
//
#include <stdio.h>
#include <math.h>
int main()
{
  double perimetro;
  double raio;
  double pi;
  pi=3.14159;
  printf("Digite o valor do raio:");
  scanf("%lf",&raio);
  perimetro = (2*pi*raio);
  printf("O perimetro é: %lf \n", perimetro);
  return(0);
}
marcosf@marcosf:~/exemplos$ ./double.out
Digite o valor do raio: 10.3
O perímetro é: 64.716759
marcosf@marcosf:~/exemplos$
```

O mesmo código utilizando agora variáveis do tipo <float> apresenta um valor bem mais preciso que aquele com as variáveis inteiras. Vamos ver como fica a resposta utilizando-se variáveis do tipo <double>, com 64 *bits*.

ALGORITMO 29 - EXEMPLO USANDO VARIÁVEIS DO TIPO "DOUBLE"

```
//Código usando a função com variáveis do tipo double
//
#include <stdio.h>
#include <math.h>
int main()
{
 double perimetro;
 double raio;
 double pi;
 pi=3.14159;
 printf("Digite o valor do raio:");
 scanf("%lf",&raio);
 perimetro = (2*pi*raio);
 printf("O perimetro é: %lf \n",perimetro);
 return(0);
}
marcosf@marcosf:~/exemplos$
marcosf@marcosf:~/exemplos$ ./float.out
Digite o valor do raio:10.3
O perímetro é: 64.716754
marcosf@marcosf:~/exemplos$
```

Observando-se os resultados obtidos apenas com a alteração do tipo de variável e comparando-os com o da calculadora, podemos concluir que a variável do tipo <double> foi a que apresentou maior precisão.

```
Resultado usando variáveis do tipo <int>:      60
Resultado usando variáveis do tipo <float>:    64.716759
Resultado usando variáveis do tipo <double>:   64.716754
Resultado usando calculadora científica:       64.716754
```

O melhor resultado da variável do tipo <double> se deve ao fato de ela ter 64 *bits*, dos quais 1 *bit* para o sinal, 11 *bits* para o expoente e 52 *bits* para a mantissa.

3. Escreva um algoritmo que capture um caractere digitado em letras minúsculas e o imprima na tela em letras maiúsculas.

Resposta: Essa é uma questão aparentemente simples, desde que se entenda bem como os caracteres são codificados no computador, utilizando-se a tabela ASCII, que apresenta todos os caracteres alfabéticos, numéricos e de controle. Se observarmos tal tabela, facilmente percebemos que os caracteres estão organizados na ordem lexicográfica. Por exemplo: a letra A está na posição 65, a B na posição 66, e assim sucessivamente. Da mesma forma, a letra *a* está na posição 97, a *b* na posição 98 até a posição 122, ocupada pela letra z. Sabendo-se disso, a conversão das letras minúsculas em letras maiúsculas pode ser feita pelo deslocamento da diferença entre as respectivas posições na tabela ASCII, o que torna o problema bem simples de resolver.

ALGORITMO 30 - CONVERSÃO DE LETRAS MINÚSCULAS EM MAIÚSCULAS

```
//Código para conversão de minúsculas em maiúsculas
//
#include <stdio.h>
#include <math.h>
int main()
{
  char letra;
  printf("Digite uma letra minúscula");
  letra = getchar();
  if (letra >= 'a' && <= 'z')
      c=(char)((int)'A' + (int)letra - (int'a');
  putchar(c);
  putchar('\n);
  return(0);
```

A linguagem C oferece a função <casting>, que faz essa conversão, mas o objetivo da questão é reforçar o conhecimento da alocação dos valores na tabela ASCII e suas respectivas conversões.

4. Escreva um algoritmo que faça a troca do conteúdo de duas variáveis A e B.

Resposta: Essa questão parece muito simples, mas quer avaliar o conhecimento dos tempos de execução de um programa. A troca de variáveis acontece frequentemente em qualquer programa, e o correto entendimento dos tempos é fundamental para termos um bom código. Vamos ao código.

ALGORITMO 31 - TROCA DE VALORES ENTRE DUAS VARIÁVEIS

```
//Código para troca de variáveis
//
#include <stdio.h>
#include <math.h>
int main()
{
  int A, B, aux;
  printf("Digite o conteúdo de A");
  scanf("%d",&A);
```

```
printf("Digite o conteúdo de B");
scanf("%d",&B);
aux = a;
a = b;
b = aux;
printf("O conteúdo trocado é %d %d\n", A, B);
return(0)
```

5. Dadas as coordenadas de um ponto P no plano cartesiano (x, y), construa um algoritmo para verificar se esse ponto informado pertence à equação y = 2x + 3.

Figura 5.1 – Plano cartesiano e reta

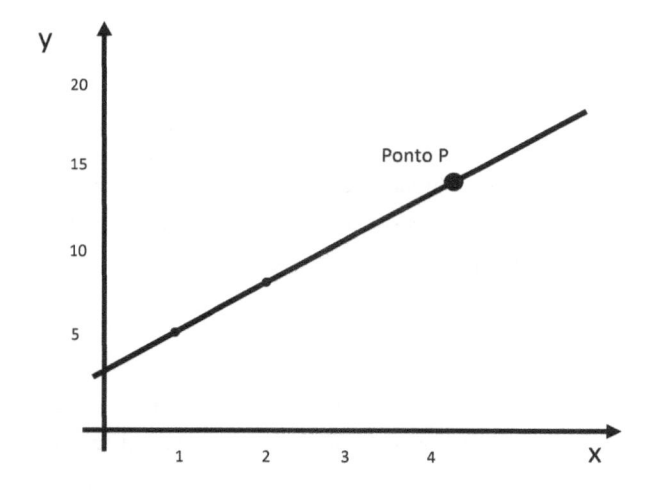

Resposta: Essa é uma questão que verifica se um ponto P, dadas as coordenadas (x, y) de um plano cartesiano, é parte da reta y = 2x + 3. Para que um ponto (x, y) pertença a uma reta, ele deve verificar a expressão da reta; portanto, nosso algoritmo deve testar se o ponto (x, y) torna a equação da reta verdadeira. Esse tipo de questão quer avaliar o conhecimento em um tipo de variável que ainda não foi utilizado, o *booleano*, pois o resultado será verdadeiro ou falso.

A linguagem C não tem um tipo específico para valores lógicos, e o tipo <int> inteiro é usado para representá-los. Valores inteiros iguais a zero representam o valor lógico falso (*false*), e qualquer valor diferente de zero significa verdadeiro (*true*). Vamos ver como fica o código.

```
ALGORITMO 32 - PONTO DO PLANO CARTESIANO PERTENCENTE A UMA
CURVA

//Ponto pertence ou não a uma curva
//
#include <stdio.h>
#include <math.h>
int main( )
{
int curva1, curva2;
float x,y;
printf("Digite o valor de x");
scanf("%f", &x);
printf("Digite o valor de y");
scanf("%f",&y);
curva1 = x >= 0 && y >=0 && x * x + y * y <= 1;
curva2 = y >= 0 && x >=0 && x * x + y * y <= 1;
if (curva1 && curva2)
    printf("pertence \n")
    else
      if (curva1)
      printf ("Pertence\n");
      else
      printf ("Não pertence\n");
return(0)
```

[questões para revisão]

1. Considere o seguinte programa:

```
main() {
int i,j;
char nome [80], c;
gets (nome);
for (i=0 ,j=strlen(nome)-1; i<strlen (nome); i++, j--)
{
c=nome[i];
nome [i]=nome [j];
nome [j]=c;
}
puts(nome);
```

O que será impresso caso a cadeia de caracteres fornecida seja 43218765?

a. 43218765.

b. 87654321.

c. 18726354.

d. 56781234.

e. 12345678.

2. O que será impresso pelo programa a seguir?

```
#include < stdio.h >
main() {
int i,j;
for (i=1; i<=5; i++) {
for (j=0; j<=5; j ++) {
if (i<=j) {
    printf ("%d",j);
    }
  }
printf ("\n");
  }
}
```

a. 1, 12, 123, 1234, 12345.

b. 00000, 11111, 22222, 33333, 44444.

c. 0, 01, 012, 0123, 01234.

d. 01234, 0123, 012, 01.

e. 12345, 2345, 345, 45, 5.

3. O que será impresso pelo programa a seguir?

```
main () {
int a;
printf ("%d %d", a && !a, a || !a);
}
```

a. 1 0.

b. 1 1.

c. 0 1.

d. 0 0.

e. Nenhuma das alternativas anteriores está correta.

4. O que será impresso pelo programa dado a seguir, caso sejam fornecidos os valores 7 e 8 para as variáveis n1 e n2?

```
void main(){
float n1, n2, m1;
scanf("%f %f", &n1, &n2);
m1 = (n1+n2)/2;
if ( m1 >= 7.0 )
printf("m1 = %3.1f\n", m1);
else
printf("Faltam %3.1f\n", (10.0-m1));
getch();
}
```

5. Considerando o código escrito em linguagem C, qual será o resultado produzido pelo algoritmo a seguir?

```
main( )
inicio
  i=1;
    enquanto i <=9 faça
      j=1;
      enquanto j <= i faça
        imprima i;
        j=j+1;
      fim_enquanto;
      i=i+1;
    fim_enquanto;
fim;
```

[questões para reflexão]

1. Existem algumas "mágicas" que podem ser feitas com algumas operações matemáticas simples. Você pode construir um programa que "adivinha" os números pensados por seus amigos. Os passos a seguir podem orientar a construção do seu programa que "adivinha" números.

Passo 1: Crie um programa que apresente o número mágico 37037.

Passo 2: Na sequência, seu programa deve solicitar ao usuário um número no intervalo de 1 a 9 (à escolha do usuário); pergunte qual é o número – de 1 a 9 – que ele prefere.

Passo 3: O seu programa deve gerar uma mensagem solicitando que o usuário multiplique o número escolhido por 3 e memorize o resultado.

Passo 4: Diga-lhe agora para multiplicar o número mágico (37037) pelo resultado do passo 3.

Passo 5: Diga algumas palavras mágicas e o seu amigo terá no visor da calculadora seis vezes o número escolhido por ele.

2. Vamos a um segundo truque usando as operações matemáticas. Você pode construir um programa que execute os seguintes passos:

Passo 1: Dê uma calculadora a um amigo e peça-lhe para digitar um número de três algarismos que ele prefira.

Passo 2: Diga-lhe para repetir o número, de modo a ficar com um número de seis algarismos.

Passo 3: Agora, peça-lhe para dividir esse número por 7, depois por 11 e, finalmente, por 13.

Passo 4: O resultado será o número de três algarismos que ele escolheu (123).

[para saber mais]

Para você conhecer mais sobre os tipos de dados e expressões em linguagem C, procure as obras listadas a seguir:

BACKES, A. **Linguagem C**: completa e descomplicada. Rio de Janeiro: Campus/Elsevier, 2012.

CASTRO, J. **Linguagem C na prática**. Rio de Janeiro: Ciência Moderna, 2008.

GOYA, R. R. **Introdução à programação em linguagem C**. São Paulo: McGraw Hill, 2014.

MURAKAMI, L. T. **Linguagem C**: simples assim! São Paulo: Scortecci, 2015.

STUBBLEBINE, T. **Expressões regulares**: guia de bolso. 2. ed. Rio de Janeiro: O'Reilly, 2007.

```
0000_0110 = VI
```

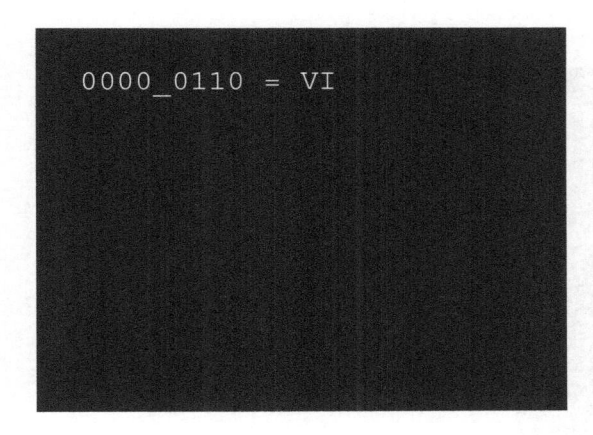

Conteúdos do capítulo:

_ Estruturação da linguagem C.
_ Principais funções básicas da linguagem C e seus argumentos.

Após o estudo deste capítulo, você será capaz de:

1. identificar as principais funções básicas da linguagem de programação C;
2. utilizar as funções básicas em programas reais codificados em linguagem de programação C;
3. empregar adequadamente os argumentos das principais funções básicas em C para trabalhar com variáveis em programas.

funções_básicas_da_
linguagem_C

Neste capítulo, apresentaremos de forma comentada um breve histórico da criação da linguagem C, sua estrutura e motivação. Na sequência, você verá um resumo das principais funções da linguagem e seu uso em programas de exemplo.

[Características da linguagem C]

A primeira versão da linguagem de programação C foi criada por Dennis Ritchie em 1972, nos laboratórios Bell, para ser distribuída como parte integrante do Sistema Operacional Unix. Trata-se de uma linguagem denominada *imperativa* porque o programa escrito em C descreve os passos que devem ser executados para resolver o problema.

Ela também pode ser considerada **procedural**, ou seja, é organizada em funções bem definidas; é de **alto nível**, pois apresenta um grau de abstração bem elevado e bastante distante do código de máquina; é **compilada** e o código-fonte é escrito em texto puro; além de **multiplataforma**, pois existem compiladores em praticamente todas as plataformas.

Apenas como curiosidade, veja a "Declaração do Espírito da Linguagem C":

_ Confie no programador.
_ Não impeça o programador de fazer o que ele precisa fazer.
_ Mantenha a linguagem de programação pequena e simples (Cooper, 1987).
_ Tenha somente uma função para cada operação.
_ Mantenha o código rápido.

[Estrutura da linguagem C]

Um programa codificado em linguagem C apresenta basicamente três grandes blocos construtivos, a saber:

1. **Comandos do pré-processador**: Nessa parte são carregados todos os módulos e funções necessários à execução do código escrito.
2. **Declaração das variáveis**: É a parte na qual as variáveis são definidas e inicializadas.
3. **Função principal**: É o corpo do programa no qual todas as manipulações são executadas.

Apenas como observação: em C, geralmente as variáveis são escritas em letras minúsculas e as constantes, em maiúsculas.

[Principais funções]

Vamos apresentar a seguir as principais funções da linguagem C, a saber: *printf, scanf, gets & puts, getchar & putchar, if, if/else, switch, while* e *for*.

■ Função <printf>

Sintaxe: printf("expressão de controle", argumentos);

A função <printf> faz parte da biblioteca padrão <stdio.h> e serve para exibir uma mensagem ou um resultado de qualquer operação no dispositivo de saída padrão (na maioria dos computadores, o monitor). O termo *expressão de controle* pode ser uma mensagem escrita pelo programador, formatada por caracteres que indicam o tipo de variável a ser mostrada. Os argumentos devem ser separados por vírgulas.

```
ALGORITMO 33 - EXEMPLO DE USO DA FUNÇÃO <PRINTF>

//Código em C que mostra a função <printf>
//
#include <stdio.h>
int dia,mes,ano;
main (){
dia=18;
mes=12;
ano=2014;
printf("Olá, esse é o meu primeiro programa\n");
printf("Hoje é dia %d/%d/%d\n", dia, mes, ano);
return(0);
}
```

O parâmetro <\n> insere uma nova linha ao final da palavra *programa* e pode ser utilizado em qualquer lugar onde uma quebra de linha for necessária. Para a função <printf>, é preciso especificar a forma como o conteúdo das variáveis é mostrado. Para isso podemos utilizar os seguintes parâmetros:

_ %d será substituído pelo valor de uma variável do tipo inteira;
_ %c será substituído pelo valor de uma variável do tipo caractere;
_ %f será substituído pelo valor de uma variável do tipo ponto flutuante;
_ %lf será substituído pelo valor de uma variável do tipo <double>;
_ %s será substituído pelo valor de uma variável do tipo <string>;
_ %o será substituído pelo valor em octal de uma variável inteira;
_ %x será substituído pelo valor em hexadecimal de uma variável inteira;
_ \n insere uma nova linha.

ALGORITMO 34 - USO DA FUNÇÃO <PRINTF>

```
// Código em C que mostra o tamanho de cada variável
// em bytes
#include <stdio.h>
main() {
char c;
unsigned char uc;
int i;
unsigned int ui;
float f;
double d;
//definição das variáveis
printf("Char= %d bytes\n", sizeof(c));
printf("Unsigned Char= %d bytes\n" , sizeof(uc));
printf("Int= %d bytes\n", sizeof(i));
printf("Unsigned Int= %d bytes\n", sizeof(ui));
printf("Float= %d bytes\n", sizeof(f));
printf("Double= %d bytes\n", sizeof(d));
}
```

A função <sizeof(variável)> retorna o tamanho em *bytes* da variável e, assim, teremos mostrado na tela do monitor o tamanho de cada uma delas. Veja como ficou a saída do programa do algoritmo 19.

```
marcosf:$ ./sizeof.out
Char= 1 bytes
Unsigned Char= 1 bytes
Int= 4 bytes
```

```
Unsigned Int= 4 bytes
Float=   4 bytes
Double=  8 bytes
marcosf:$
```

▊ Função <scanf>

Sintaxe: scanf("expressão de controle", argumentos);

A função <scanf> também faz parte da biblioteca <stdio.h> e lê os dados do teclado. Seu uso é muito similar ao da função <printf> e valem os mesmos operadores e argumentos.

```
ALGORITMO 35 - USO DA FUNÇÃO <SCANF>

//Código em C usando a função <scanf>
//
#include <stdio.h>
int main( ) {
char str1[20];
int idade;
clrscr();
printf("Digite seu nome:");
scanf("%s", str1);
printf("Digite sua idade:");
scanf("%d", &idade);
printf("Seu nome é: %s\n", str1);
printf("Sua idade é: %d anos\n", idade);
return(0);
}
```

Na expressão de controle da função <scanf>, são válidos os mesmos formatadores da função <printf>. Nesse exemplo, utilizamos duas funcionalidades novas:

_ a função <clrscr()> ou *clear screen*, que limpa a tela para permitir a digitação dos valores em uma tela limpa;
_ o uso da variável do tipo <char> (tipo carácter), a qual é formada por um vetor de 20 posições <char str1[20]>. Isso é necessário para poder armazenar o conteúdo do nome solicitado. Note que na função <scanf> é preciso que a tecla <enter> seja pressionada no final para que o dado seja lido e armazenado na variável.

■ Função <gets & puts>

Sintaxe: `gets ("expressão de controle", argumentos);`

A função <gets> faz parte da biblioteca padrão <stdio.h> e serve para capturar não apenas um caractere do teclado, mas uma palavra ou mesmo uma linha inteira.

```
ALGORITMO 36 - EXEMPLO DE USO DA FUNÇÃO <GETS> E <PUTS>

\\ Código em C usando a função <gets> e <puts>
#include<stdio.h>
main( )
{
char nome[50];
clrscr();
printf("Digite seu nome completo:");
gets(nome); //lê uma string do teclado inclusive espaços em branco
printf("O nome digitado foi %s",nome);
puts(nome);
// coloca a string digitada no teclado
}
```

A função <gets> lê tudo o que foi digitado no teclado até pressionar <enter>. Ela não armazena o <enter>, mas adiciona um caractere nulo (\o) para indicar o final da <string>. A função <puts> imprime todo o conteúdo da <string> na saída padrão (em nosso caso, a tela do monitor do computador).

■ Função <getchar & putchar>

Sintaxe: `getchar ("expressão de controle", argumentos);`

É uma função que captura um caractere do teclado <getchar> e o imprime na tela do micro <putchar>.

```
ALGORITMO 37 - EXEMPLO DE USO DAS FUNÇÕE <GETCHAR> E
<PUTCHAR>

\\Captura um caractere e mostra seu valor na tela
#include <stdio.h>
main( ){
char ch;
clrscr();
printf("Pressione uma tecla qualquer");
ch=getchar();
printf("A tecla pressionada foi: %c\n", ch);
}
```

Observação: existe uma variação <getch( )> que não faz o caractere ecoar na tela quando pressionada uma tecla. Essa função é muito útil quando se deseja capturar senhas, por exemplo.

```c
//Código em C que não ecoa o caracter digitado
//
#include <stdio.h>
main()
{
char ch;
clrscr();
printf("Digite um caractere minúsculo");
ch=getch();
putchar(toupper(ch));
putchar('\n');
}
```

Observação: Há várias funções para manipulação de caracteres como: *isalpha*( ), *isupper*( ), *islower*( ), *isdigit*( ), *isespace*( ) e *tolower*( ), entre outras.

■ Função <if>

Sintaxe: **if** (condição)
                Executa ação 1

A função <if> avalia uma condição que, se for satisfeita, executa determinada ação. Se ela tiver de executar vários comandos, todos devem estar delimitados por chaves { }.

```
ALGORITMO 38 - EXEMPLO DE USO DA FUNÇÃO <IF>

\\Captura um número e avalia se ele é positivo
#include <stdio.h>
main( ){
int número;
clrscr();
printf("Digite um número qualquer");
scanf ("%d",número);
if (número >= 0)
printf("O número digitado é positivo\n");
return(0);
}
```

■ Função <if/else>

Sintaxe: if (condição)
          executa ação 1
          else
          executa ação 2

Computadores & sociedade:

A função <if/else> permite a execução de um comando quando o resultado da condição proposta for verdadeiro, e um segundo bloco de comandos, quando o resultado for falso.

```
ALGORITMO 39 - EXEMPLO DE USO DA FUNÇÃO <IF/ELSE>
\\Captura um número e tenta adivinhá-lo
#include <stdio.h>
main( ){
int número, segredo;
segredo = rand( )/100;
clrscr();
printf("Qual é o número da sorte?");
scanf ("%d",número);
if (número == segredo)
   {
   printf("Acertou!!!);
   printf("O número da sorte é \n,segredo");
   {
   else
   printf("Você errou... tente outra vez!\n");
return(0);
}
```

■ Função <switch>

```
Sintaxe:  switch(variável){
          case constante1:
          sequência de comandos;
          break;
          case constante2:
          sequência de comandos;
          break;
          default:
          sequência de comandos;
          }
```

A principal característica da função <switch> é o teste de uma variável sucessivamente contra uma lista de variáveis ou de caracteres até encontrar uma coincidência, quando então o comando ou o bloco de comandos é executado. Se não acontecer nenhuma coincidência, o comando <default> será executado. O <default> é opcional e a sequência de comandos é executada até que o comando <break> seja encontrado.

O algoritmo a seguir ilustra o uso da função <switch> para a criação de uma lista de opções em um menu. Nesse algoritmo é possível escolher entre os valores 9 e 10. A parte <default> é atribuída para valores diferentes de 9 e 10.

ALGORITMO 40 - EXEMPLO DE USO DA FUNÇÃO <SWITCH>

```
#include <stdio.h>
int main ()
{
    int num;
    printf ("Digite um numero:");
    scanf ("%d",&num);
    switch (num)
       {
    case 9:
    printf ("O numero e igual a 9.\n");
    break;
    case 10:
    printf ("O numero e igual a 10.\n");
    break;
    default:
    printf ("O numero nao e 9 e nem 10.\n");
    }
    return(0);
}
```

Função <while>

Sintaxe: while (expressão)
   {
   Sequência de comandos
   }

A principal característica da função <while> é que ela não está limitada à quantidade de repetições, e sim à ocorrência de determinada condição. Enquanto a condição estabelecida não for atendida, o programa continuará a ser executado, até mesmo infinitamente (*loop* infinito).

ALGORITMO 41 - EXEMPLO DE USO DA FUNÇÃO <WHILE>

```
\\ Calcula os divisores de um número
#include <stdio.h>
#include <math.h>
main( )
{
int num,i,div;
clrscr( );
printf("%d",&num);
div=0;
for (i = 2; i < num; i=i+1)
if(num%i=0)
div=i;
if (div !=0)
printf("%d é divisor próprio de %d \n", div, num);
else
printf("%d não tem divisores \n",num);
}
```

Função <for>

Sintaxe:
```
for (inicialização; condição; incremento)
{
comando 1;
comando 2;
}
```

A função <for> é um dos recursos mais utilizados para executar determinada tarefa por um número definido de vezes. Ela está presente em praticamente todas as linguagens de programação.

```
ALGORITMO 42 - EXEMPLO DE USO DA FUNÇÃO <FOR> PARA CÁLCULO
DO NÚMERO PI

\\ Calcula o número "PI" com n casas decimais
#include <stdio.h>
#include <math.h>
main( )
{
int i;
for (i = 1; i < 10; i++)
{
Printf("%d", i);
}
}
```

A função <for> pode facilmente gerar um *loop* infinito, criando uma quantidade enorme de dados; para isso, basta que a condição que inicia o laço seja sempre verdadeira. Veja o exemplo do algoritmo 43 e, na sequência, o exemplo seguinte.

```
ALGORITMO 43 - EXEMPLO DE USO DA FUNÇÃO <FOR> PARA LOOP
INFINITO

#include <stdio.h>
main( )
{
i=1;
For (i=1)
Printf("Loop infinito\n");
}

ALGORITMO 44 - EXEMPLO DE USO DA FUNÇÃO <FOR>

\\Captura um número e tenta adivinhá-lo
#include <stdio.h>
main ( )
{
char x;
printf("1. Inclusão \n");
printf("2. Alteração \n");
```

```c
printf("3. Exclusão\n");
printf(" Digite sua opção: ");
x = getchar( );
switch(x) {
case '1':
printf("escolheu inclusão\n");
break;
case '2':
printf("escolheu alteração\n");
break;
case '3':
printf("escolheu exclusão\n");
break;
default:
printf("opção inválida\n");
}
}
```

[síntese]

Neste capítulo, apresentamos as principais funções da linguagem C, seu uso e seus argumentos, ilustrando com exemplos reais cada uma delas. O que tratamos aqui não esgota o assunto, pois a linguagem C é muito rica em bibliotecas e funções. O que foi visto serve como base, deixando você preparado para seguir os estudos usando outros materiais.

[exercícios resolvidos]

O objetivo das questões comentadas é fazer uma reflexão sobre os temas apresentados neste capítulo. Procure acompanhar o raciocínio lógico adotado para a solução de cada uma delas.

4. Escreva um programa que calcule a soma dos *n* primeiros números ímpares. Por exemplo, se n = 6, o programa deve calcular a soma de (1 + 3 + 5 + 7 + 9 + 11 = 36).

Resposta: Em uma questão como essa, a primeira ação é saber como obter os números ímpares. Como o enunciado diz "os primeiros", entende-se que a série começa com o número 1, então o próximo ímpar é obtido por "ímpar + 2". Na sequência, precisamos somá-los em um *loop* e repetir esse *loop n* vezes. Vamos ao código.

ALGORITMO 45 - SOMA DOS "N" PRIMEIROS NÚMEROS ÍMPARES

```
\\ Soma "n" primeiros números ímpares
#include <stdio.h>
main ( )
{
int soma, impar, n, i;
clrscr();
printf("Digite o valor de termos da série");
impar=1;
soma=0;
for (i=1;i<=n; i=i+1);
    {
    soma = soma + impar;
    impar = impar +2;
    }
printf("A soma dos %d primeiros números impares é %d\n,soma");
}
```

Note que nesse programa tivemos de inicializar as variáveis <soma> e <ímpar> com seus respectivos valores para que pudessem ser utilizadas na primeira interação de soma do *loop*.

5. Escreva um programa que calcule o quociente e o resto da divisão entre dois números inteiros fornecidos pelo usuário.

Resposta: Nesse tipo de questão, é melhor realizar a operação de divisão em papel para deixar bem claros todos os passos. Embora a linguagem C tenha o operador %, que calcula o resto de uma divisão entre dois inteiros positivos, certamente não devemos usá-lo como resposta à questão. Depois de executar uma operação simples no papel, vamos ao programa, primeiro definindo as variáveis *dividendo, divisor, quociente* e *resto*.

ALGORITMO 46 - CÁLCULO DO RESTO DA DIVISÃO DE DOIS INTEIROS POSITIVOS

```
\\ Calcula o resto da divisão de dois inteiros
#include <stdio.h>
main ( )
{
int dividendo, divisor, quociente, resto;
clrscr();
printf("Entre o dividendo e o divisor(dif de zero");
scanf("%d%d",&dividendo,&divisor);
quociente=1;
while (quociente * divisor <= dividendo)
        quociente = quociente + 1;
quociente = quociente - 1;
resto = dividendo - quociente * divisor;
printf("Quociente e resto da divisão são %d e %d\n", quociente,
resto);
}
```

6. Escreva um programa que calcule o produto cartesiano de dois vetores de *n* elementos, começando com o número 1.

Resposta: Nessa questão, será necessária uma estrutura bastante comum em qualquer linguagem de programação, em que precisaremos de um *loop* dentro de outro *loop*. Esse tipo de estrutura é comumente denominado *estruturas aninhadas*. Novamente, a melhor forma de entender a lógica do programa é realizar o produto cartesiano desses vetores manualmente (Figura 6.1) e somente depois partir para a codificação. O produto cartesiano dos vetores A = [1, 2, 3] e B = [4, 5, 6] são os pares ordenados {[1, 4], [1, 5], [1, 6], [2, 4], [2, 5], [2, 6], [3, 4], [3, 5], [3, 6]}.

Figura 6.1 – Produto cartesiano

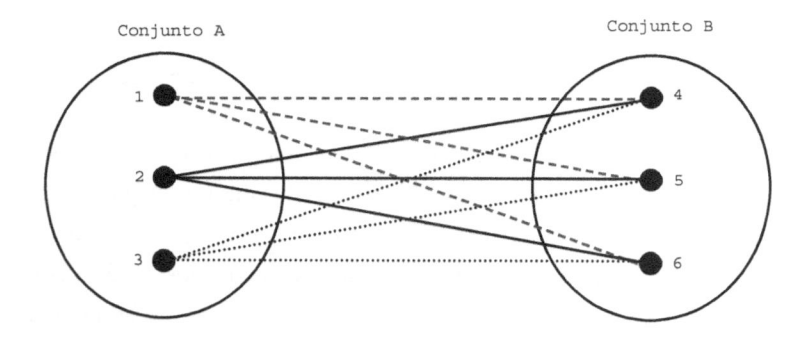

ALGORITMO 47 – CÁLCULO O PRODUTO CARTESIANO DE DOIS VETORES

```
\\ Calcula o produto cartesiano de dois vetores
#include <stdio.h>
main ( )
{
int n, j, i;
clrscr();
printf("Entre o número de elementos do conjunto");
scanf("%d",&n);
   for (i=1; i<=n; i=i+1)
      for (j=1; j<=n; j=j+1)
          printf("(%d, %d),", i, j);
}
```

7. Escreva um programa que determine a média aritmética de uma quantidade *n* de números fornecidos. Ele calcula a média de uso geral e pode ser utilizado para medir a média de qualquer quantidade de números.

Resposta: A ideia de um programa de uso geral é que ele possa ser utilizado em muitas situações para atender a uma necessidade geral – nesse caso, o cálculo da média. Como não podemos determinar a quantidade de interações que ele deve executar, colocamos a condição do número máximo de interações estabelecido pelo usuário, e tal condição encerra o *loop*. Vamos ao código. Note que trabalharemos com números fracionários, portanto, algumas variáveis precisam ser do tipo <float>.

```
ALGORITMO 48 - CÁLCULO DA MÉDIA DE "N" NÚMEROS
\\ Calcula a média de n números
#include <stdio.h>
main ( )
{
int n, i;
float num, soma, media
clrscr();
printf("Entre o número de elementos");
scanf("%d",&n);
printf ("Digite os elementos");
for (i=1; i<=n; i=i+1)
    {
    Scanf("%f",&num);
    Soma=soma + num;
    }
media=soma/n;
printf("A média é %f", media);
}
```

8. Escreva um programa que calcule o mínimo múltiplo comum (mmc) de dois números inteiros.

Resposta: O primeiro passo é realizar a operação mmc, como fazíamos no ensino fundamental. Vamos ao exemplo, considerando os números 3, 6 e 30 (Tabela 6.1). A primeira coisa é a fatoração, utilizando o método da decomposição simultânea.

Tabela 6.1 - Fatoração para calcular o mínimo múltiplo comum

3	6	30	2
3	3	15	3
1	1	5	5
1	1	1	

Logo, o mmc (3, 6, 30) = 2 * 3 *5 = 30

```
ALGORITMO 49 - CÁLCULO DO MMC DE "N" NÚMEROS

\\ Calcula o mmc de números inteiros
#include <stdio.h>
main ( )
{
int x, y, d, a, I, mmc;
printf("Digite os dois números");
scanf("%d %d, &x, &y);
a =x;
b =y;
mmc=1;
i=2;
while ((a != 1) || (b != 1))
      {
      while ((a%i==0)||(b%i==0))
          {
          if (a%i==0)
          a=a/i;
          if (b%i==0)
          b=b/i;
          mmc=mmc*I;
          }
   i = i + 1
   }
printf("mmc(%d,%d)= %d\n",x,y,mmc);
}
```

[questões para revisão]

1. Um número palíndromo ou capicua ("*cap i cua*" significa "cabeça e cauda") é aquele que, lido da esquerda para a direita ou da direita para a esquerda, representa sempre o mesmo valor, como 77, 434 e 6226. Para obter um número capicua a partir de outro, inverte-se a ordem dos algarismos e soma-se com o número dado, até que

se encontre um número palíndromo. O código a seguir verifica se o número fornecido é palíndromo. Qual é o resultado se aplicarmos o número 84 a esse código?

```
#include <stdio.h>
int main() {
int num, (numero dado)
aux, (parte do número a ser invertido
reverso; (numero na ordem inversa)
  printf("Digite um numero:");
  scanf("%d", &num);
  aux = num;
  reverso = 0;
while (aux != 0) {
reverso = reverso * 10 + aux % 10;
aux = aux / 10;
}
if (reverso == num)
printf("%d É palindrome\n", num);
else
printf("%d Nao é palindrome\n", num);
}
```

a. 131.

b. 363.

c. 2222.

d. 3223.

e. 1221.

2. O sistema numérico decimal (base dez) tem dez algarismos que, agrupados, representam qualquer grandeza nesse sistema. Os computadores utilizam o sistema binário que tem apenas dois valores possíveis, representados por 0 ou 1. A conversão entre sistemas é bastante importante e acontece a todo o momento em um computador. Qual seria o resultado se o número 100101b (binário) fosse processado pelo programa apresentado na sequência?

```
#include <stdio.h>
int main() {
int num, numero na base 2
pot2, armazena uma potencia de 2
saida; numero na base 10
printf("Entre o numero em binário:");
scanf("%d", &num);
final = 0;
pot2 = 1;
printf("%d base 10:", num);
while (num != 0){
final = final + num % 10 * pot2;
num = num / 10;
pot2 = pot2 * 2;
}
printf("%d\n", saida);
return 0;
}
```

a. 35.

b. 39.

c. 37.

d. 41.

e. 33.

3. Considere o programa a seguir escrito na linguagem C:

```
int main() {
int n[]={1,2,3};
int *p;
p = &n[1];
(+P) --;
printf("%d",*p);
p++;
printf("%d", *p);
}
```

Qual será a saída na tela após a execução desse programa?

a. 0 1.

b. 0 3.

c. 1 1.

d. 0 0.

e. 1 3.

4. Escreva um programa que calcule o quociente e o resto da divisão entre dois números inteiros fornecidos pelo usuário.

5. O produto cartesiano de dois conjuntos |A| e |B| é formado por todos os pares ordenados (x,y) formados pelos elementos dos conjuntos |A| e |B|, sendo que x pertence ao conjunto |A| e y pertence ao conjunto |B|. Vamos tomar como exemplo os seguintes conjuntos |A| e |B| representados por vetores, sendo A = [1,2,3] e B = [4,5,6] O produto cartesiano de |A| por |B| é igual aos pares ordenados: A x B = {[1,4],[1,5],[1,6],[2,4],[2,5],[2,6], [3,4],[3,5],[3,6]}. Agora construa um programa que calcule o produto cartesiano de dois vetores quaisquer informados pelo usuário.

[questões para reflexão]

1. Um programa em C pode ter muitas linhas de código e se tornar muito grande e complexo. Para organizar melhor as informações e até permitir que determinadas partes do código sejam reutilizadas, existem as bibliotecas. Uma biblioteca bastante simples e utilizada quase por padrão é a <stdio.h>. Ela apresenta funções como <printf>, que possibilita ao seu programa imprimir uma sentença na tela sem ter que digitar todos os códigos

dessa função, e o compilador junta todas as partes de forma transparente. Que outras bibliotecas você conhece e quais as principais funções existentes nelas?

2. A linguagem C apresenta um enorme conjunto de bibliotecas, mas seu programa pode ter características tão específicas que podem não ser encontradas em nenhuma das bibliotecas existentes. Será que você pode criar a sua própria biblioteca?

[para saber mais]

Para se aprofundar no tema das funções básicas em linguagem C, oferecemos a lista de alguns materiais:

ALBUQUERQUE, F. **Programando em Linguagem C, C++ e Turbo C++**. Rios de Janeiro: Berkeley Ebras, 1991.

MANZANO, J. A. N. G. **Estudo dirigido**: linguagem C. São Paulo: Érica, 2001.

PASSOLD, F. **Apostila de ANSI C**. Disponível em: <http://usuarios.upf.br/~fpassold/C/Info1.pdf>. Acesso em: 2 mar. 2016.

SCHILDT, H. **C completo e total**. São Paulo: Pearson/Makron Books, 2004.

TENENBAUM, A. M.; LANGSAM, Y.; AUGENSTEIN, M. J. Tradução de Teresa Cristina Félix de Souza. **Estrutura de dados usando C**. São Paulo: Makron Books, 1995.

```
0000_0111 = VII
```

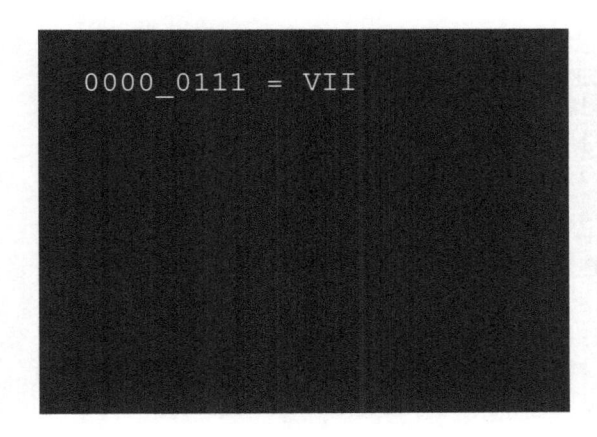

Conteúdos do capítulo:

_ Necessidades de sistemas de banco de dados (introdução).

_ Sistema de arquivos e bancos de dados.

_ *Softwares* gerenciadores de banco de dados.

Após o estudo deste capítulo, você será capaz de:

1. identificar as principais arquiteturas de banco de dados e seus *softwares* de gerenciamento (Sistema de Gerenciamento de Banco de Dados – SGBD);
2. utilizar as funções básicas da linguagem *Structured Query Language* (SQL) para pesquisar e recuperar informações de bancos de dados relacionais.

introdução_ao_conceito_
de_banco_de_dados

Neste capítulo, vamos abordar o histórico e os principais conceitos relativos à evolução e ao uso dos bancos de dados, dos seus sistemas gerenciadores e da linguagem SQL, usada universalmente para pesquisar, recuperar e inserir dados em um banco de dados relacional.

[Aspectos históricos]

A crescente demanda da população por informações e serviços *on-line* e em tempo real e o uso massivo das redes sociais fomentaram ainda mais o conceito de computação em nuvem e o armazenamento massivo de informações que, de forma ordenada, as relacionasse, possibilitando a pesquisa e o cruzamento delas.

Considerando todo o relacionamento que as informações devem apresentar, os bancos de dados assumiram um papel fundamental na organização da informação digital, permitindo a pesquisa e a recuperação de dados de forma consistente e significativa.

De forma breve, um banco de dados é uma coleção de dados armazenados que mantêm um relacionamento lógico com um significado próprio para o mundo real. Sob esse conceito, praticamente todos os dias realizamos atividades que geram interação com algum banco de dados. Transações bancárias, compra de passagens, acesso às informações do Facebook e de tantos outros *sites* da *web* somente são possíveis devido ao uso deles. Essa tecnologia facilita nosso dia a dia e torna as operações mais rápidas, eficientes e seguras.

Existem também os *softwares* gerenciadores dos bancos de dados, que fornecem acesso aos dados e tornam a recuperação e o armazenamento mais eficientes, permitindo aos usuários interagir com os bancos de dados. A Figura 7.1 ilustra esse modelo.

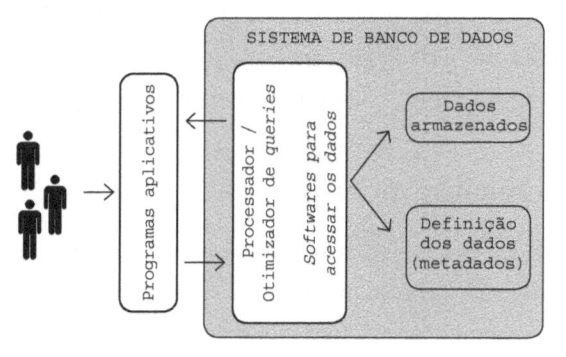

Figura 7.1 – Sistema gerenciador de banco de dados

Os bancos de dados devem armazenar todo o volume desses dados de forma organizada, além de permitir atualizações, inclusões e exclusões sem perder a consistência e a integridade. Os Administradores de Banco de Dados (em inglês, DBAs – *Database Administrator*) são os profissionais responsáveis pelo controle de acesso aos dados, pelas rotinas de manutenção e de desempenho desse banco.

[Por que usar banco de dados?]

A necessidade de relacionar dados de forma significativa e utilizar essas informações de maneira particular com vistas a obter vantagem competitiva faz dos bancos de dados um repositório infinito de oportunidades para os negócios e para a sociedade. O uso deles como ferramentas de construção permite reorganizar e relacionar uma enorme quantidade de dados muito rapidamente e com muita flexibilidade. Essa capacidade é essencial na construção do conhecimento nos dias de hoje.

O **acesso rápido aos dados** é certamente uma das principais vantagens do uso de bancos de dados, afinal, uma simples rotina de busca pode recuperar uma quantidade enorme de informações quase instantaneamente.

Outro ponto importante é a **redução da duplicidade de informação e da inconsistência dos dados**. Em uma estrutura sem bancos de dados, cada aplicação tem que ter os próprios arquivos, o que aumenta muito o volume de informação armazenada, mesmo que digitalmente. O uso de banco de dados tende a eliminar a inconsistência de dados, pois evita que as informações sofram alterações em arquivos distintos em áreas diferentes. Elas são atualizadas uma única vez e ficam disponíveis a todas as áreas da empresa ao mesmo tempo.

Outra vantagem é o **compartilhamento de informação por vários usuários**, ou seja, os dados de um banco podem ser acessados por várias pessoas simultaneamente, o que denominamos *acesso concorrente*.

Por fim, outro enorme benefício são as **políticas de segurança e controle da informação**. Em um banco de dados, é possível restringir o acesso conforme a necessidade de cada usuário.

[Estrutura geral de um sistema de banco de dados]

Um sistema de banco de dados é uma estrutura composta por um banco de dados e seu *software* gerenciador. Cada uma dessas partes tem funções específicas e, juntas, conseguem organizar de forma consistente o acesso às informações por vários usuários simultaneamente, garantindo a integridade e a coerência das informações armazenadas. Um sistema de banco de dados é extremamente estruturado, e conhecer seus componentes internos e a função de cada um deles é essencial para o desenvolvimento de sistemas eficientes computacionalmente.

■ Terminologia

A disciplina de Banco de Dados apresenta alguns termos próprios, cujos conceitos precisam ser bem conhecidos, a saber:

- **Tabela**: Trata-se de um conjunto de linhas ou uma lista de valores.
- **Coluna**: Cada coluna tem um nome, é um campo de um registro; cada coluna, em cada linha, tem apenas um conteúdo; e cada coluna armazena apenas um tipo de dado.
- **Linha**: Todas as linhas de uma tabela têm o mesmo conjunto de colunas.
- **Chave primária**: É uma coluna com valores que são únicos dentro de uma tabela e, como tal, podem ser utilizados para identificar as linhas dessa tabela.
- **Domínio**: Conjunto de valores válidos para uma coluna.
- **Índices**: Proporcionam acesso rápido aos dados que estão associados a valores determinados.
- **Dicionário de dados**: É responsável pelo armazenamento dos metadados relativos à estrutura do banco de dados.

Em um modelo de banco de dados relacional, todos os dados estão armazenados em tabelas e se mantêm relacionados entre si, de forma que exista um único valor de dado para cada coluna de cada linha.

Pela complexidade e criticidade de sistemas que têm acesso a banco de dados, existem pelo menos quatro "atores" diferentes que fazem interações com o Sistema Gerenciador de Banco de Dados (SGBD):

- **Administrador**: Responsável pelas rotinas de instalação, *backup*, *performance* e segurança do sistema.
- **Desenhista**: Responsável pelo projeto do banco de dados, pela definição e criação de tabelas, pela definição das regras de trabalho e de segurança (integridade referencial).

- **Programador**: Responsável por escrever a aplicação que terá integração com a base de dados, definição e desenho das telas da aplicação que serão utilizadas pelos usuários.
- **Usuário final:** Responsável pela inclusão, atualização, recuperação e deleção dos dados usando as interfaces criadas pelo programador.

[Sistema Gerenciador de Banco de Dados]

O Sistema Gerenciador de Banco de Dados (SGBD) é um conjunto de programas que permitem ao DBA criar e manter a infraestrutura de um banco de dados. Além de tornar possível o projeto do banco de dados, o *software* facilita as definições das estruturas lógicas que suportarão o armazenamento e a pesquisa dos dados, além das restrições de acesso e controle à informação. São exemplos de SGBD: Oracle, DB2, SQL-Server e Informix, entre outros. As principais funções dos SGBD são:

- armazenamento dos dados e dos metadados;
- recuperação eficiente dos dados;
- tratamento correto e gerenciamento eficiente dos acessos simultâneos aos dados armazenados;
- consistência dos dados, garantia de recuperação e gerenciamento de *backup* (cópias de segurança).

[Os tipos de banco de dados]

Existem várias formas de organizar as informações em um banco de dados, o que levou à criação de diversos tipos, como descrito na sequência.

■ Banco de dados hierárquico

O **banco de dados hierárquico** apresenta os dados organizados em forma de árvore, seguindo uma hierarquia tal que cada registro tem apenas um registro possuidor. Esse formato perdeu importância quando o modelo relacional se tornou um padrão de fato.

■ Banco de dados em rede

O **banco de dados em rede** apresenta uma estrutura muito similar à do banco de dados hierárquico, com a diferença de que cada registro pode ter mais de um possuidor (registro pai), o que cria conexões bastante complexas. Esse modelo é bastante utilizado nos grandes computadores (*mainframe*).

■ Banco de dados relacional

O **modelo relacional** representa os dados como uma coleção de tabelas que contêm linhas e colunas, mas todas relacionadas entre si, o que permite acesso aos dados de forma bastante simples. Ele é formado por dezenas ou centenas de tabelas associadas conforme as regras de relacionamentos que associam um ou vários atributos de uma tabela com um ou vários atributos de outra.

Além de evitar a duplicação de registros, o modelo relacional permite que os dados sejam acessados a partir de qualquer informação (atributo) em uma tabela. Em um exemplo simples, um funcionário, *Marcos*, é um registro na tabela "funcionário", e a função *gerente* é um registro na tabela "cargo". Uma associação entre as duas tabelas cria a instância *Marcos é gerente*, em que o "E" representa a ligação entre as tabelas "funcionário" e "cargo".

Um atributo muito importante desse tipo de banco de dados é a chave primária. A chave é o conjunto de um ou mais atributos que determinam a unicidade de cada registro, e a chave primária nunca se repetirá.

Atualmente o modelo relacional é o mais utilizado porque permite que as aplicações façam diferentes consultas/acessos (*queries*), recuperando informações da base de dados independentemente da forma como foram codificadas. A Figura 7.2 ilustra uma consulta a um banco de dados.

Figura 7.2 - Consulta a um banco de dados

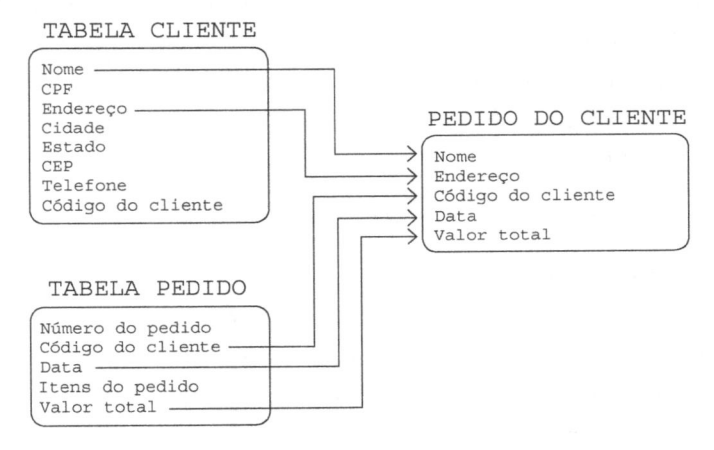

```
TABELA CLIENTE
  Nome
  CPF
  Endereço
  Cidade
  Estado                      PEDIDO DO CLIENTE
  CEP
  Telefone                      Nome
  Código do cliente             Endereço
                                Código do cliente
                                Data
TABELA PEDIDO                   Valor total
  Número do pedido
  Código do cliente
  Data
  Itens do pedido
  Valor total
```

■ Banco de dados orientado a objetos

O **banco de dados orientado a objetos** constitui-se em uma organização dos registros formatados como objetos. Esse modelo surgiu pelo fato de que os bancos relacionais têm dificuldade para manipular dados complexos. Como existem muitas aplicações utilizando linguagens de programação orientadas a objetos, criou-se um banco de dados também orientado a eles.

[A linguagem SQL]

A linguagem *Structured Query Language* (SQL) – ou linguagem de consulta estruturada de banco de dados – foi desenvolvida no início dos anos de 1970 pela IBM e se tornou padrão para consulta e gerenciamento de banco de dados pela simplicidade e facilidade de uso, e tudo isso por ser uma linguagem declarativa.

A SQL foi adotada muito rapidamente como prática de mercado, e dela decorreram várias linguagens a ponto de surgir a necessidade de padronização pelo *American National Standards Institute* (Ansi) e, na sequência, pela ISO (*Open Standards Institute*). O grande sucesso está relacionado a sua simplicidade e ao fato de não ser uma linguagem procedural. Isso significa que o programador deve trabalhar informando quais informações necessita, e não como consegui-las. Veja o exemplo a seguir.

```
SELECT * FROM <TABELA_EMPREGADOS> WHERE Idade > 40;
```

Essa é uma *query* – ou uma consulta (ou pergunta) – destinada a um banco de dados SQL em que solicitamos para que sejam selecionados (*select*) todos os registros (*) da tabela <tabela_empregados> nos quais (*where*) o campo Idade seja maior que 40. O resultado será a lista de todos os empregados com idade superior a 40 anos.

Assim como na linguagem C, a SQL também tem palavras reservadas, como *select*, *where*, *call*, *commit*, *array*, *close*, *all*, *current* e muitas outras. Ela também suporta alguns tipos bem definidos de dados como numéricos (*integer*, *smallint*, *bigint*, *numeric*, *decimal*), *strings* (*char*, *char varying*, *char large*), *booleanos* (*true*, *false*), datas e horas (*date*, *time*), intervalos e XML (*Extensible Markup Language* – uma linguagem para marcação de dados em formato hierárquico).

Outro conceito interessante de banco de dados é o valor *null*. Quando um registro está vazio, ele não está preenchido com zero ou preenchido com um espaço em branco, por isso a linguagem SQL define o valor *null* (vazio).

■ Componentes da linguagem SQL

A linguagem SQL foi desenvolvida para a criação e a manutenção de bancos de dados relacionais, por isso apresenta três componentes fundamentais:

1. **Data Definition Language** (DDL): É a parte responsável pela definição, criação e modificação das bases de dados.
2. **Data Manipulation Language** (DML): É a parte responsável pela manutenção da base de dados, inserção, alteração e consulta de registros.
3. **Data Control Language** (DCL): É o componente que fornece integridade e protege a base de dados contra corrupção.

[estudo de caso]

Você acredita que o nome ajuda a formar a personalidade e dar um rumo para a vida de uma pessoa? Então, teste uma ferramenta que gera um vídeo e uma página cheia de informações e curiosidades sobre o seu nome com dados coletados por *big data*.

Big data ("megadados", em português) é uma tecnologia de grande capacidade de armazenamento de dados e supervelocidade de processamento que os aplicativos de processamento de dados tradicionais não conseguem processar. Análise de enormes quantidades de dados podem revelar novas correlações, como tendências de negócios, prevenção de doenças e outras funcionalidades.

Uma ferramenta denominada "Hello, my name means", disponível em <http://hellomynamemeans.com/pt/>, faz uma busca em diversos bancos de dados da internet e produz uma página divertida com o que está circulando na *web* sobre seu nome, passando por músicas e indo até a sua popularidade nas redes sociais. Teste o aplicativo e veja o que uma análise de *big data* pode trazer sobre seu nome.

[síntese]

Neste capítulo, introduzimos os principais conceitos da disciplina de Bancos de Dados, fazendo um retrospecto histórico dos vários tipos deles até chegar ao modelo relacional, atualmente o mais utilizado. Apresentamos também os *softwares* gerenciadores de banco de dados (SGBD), suas funções e principais aplicações, além dos padrões de mercado presentes na indústria da informática.

Na segunda parte, tratamos da linguagem *Structured Query Language* (SQL), um padrão mundial para interação com bancos de dados relacionais. Discutimos características dessa linguagem, os principais componentes e os comandos mais utilizados em *queries* simples, procurando habilitá-lo a identificar e a utilizar os principais recursos dela.

[exercícios resolvidos]

O objetivo das questões comentadas é fazer uma reflexão sobre os temas apresentados neste capítulo. Procure acompanhar o raciocínio lógico adotado para a solução de cada uma delas.

Para os exercícios resolvidos, considere as Tabelas 7.1 e 7.2, apresentadas a seguir.

Tabela 7.1 – Tabela Empregados para exercício sobre SQL

Código	Nome	CPF	Idade	Departamento
1	João	876.342.123-22	22	Telecom
2	Pedro	432.453.436-11	31	Compras
3	Paulo	435.457.378-23	45	Agência

Tabela 7.2 – Tabela Dependentes para exercício sobre SQL

Código	Cod Empregado	Nome do dependente
1	1	João da Silva Júnior
2	1	João Fonseca Neto
3	2	Paulo Batista Filho
4	3	Pedro Soares Neto

As próximas questões referem-se às *queries* de SQL sobre essas tabelas.

1. Liste os nomes de todos os empregados com mais de 22 anos que atuam na empresa.

Resposta:

```
SELECT nome FROM Empregados WHERE idade > 22
```

Essa *query* faz um *select* de todos os campos *nome* da tabela "Empregados" em que a idade é maior que 22 anos.

2. Liste os nomes de todos os dependentes dos empregados que têm menos de 30 anos.

Resposta:

```
SELECT Dependente.nome FROM Empregados, Dependente WHERE
(Empregados.idade < 30) AND (Empregados.Código = Dependentes.Código)
```

Essa *query* faz um *select* pelo nome que existe na tabela "Dependentes" procurando nas tabelas "Empregados" e "Dependentes" em que a idade na tabela "Dependentes" é menor que 30 e o código do dependente tem relação com o do empregado. Essa associação permite identificar os dependentes de um empregado.

3. Liste todos os empregados que têm mais de um dependente.

Resposta:

```
SELECT Empregados.nome FROM Empregados, Dependente WHERE
(Empregados.Código = Dependentes.Código) > 1
```

Essa *query* faz um *select* pelo campo *nome* na tabela "Empregados" e na tabela "Dependentes" em que os campos Código do dependente e Código do empregado são iguais e maiores que 1. Isso seleciona todos os funcionários que têm mais de um dependente.

4. Insira um funcionário em um departamento.

    Resposta:

    ```
    INSERT INTO Empregados (Código,Nome,CPF,Idade,Departamento) VALUES
    (4, Reginaldo, 121.232.123-11, 34, Telecom)
    ```

    Essa *query* faz uma operação de *insert* na tabela "Empregados", passando como parâmetros todos os atributos da tabela na mesma ordem em que ela é montada.

5. Altere a idade de todos os funcionários, acrescentando dois anos a todos eles.

    Resposta:

    ```
    UPDATE Empregados SET Empregados.idade=(Empregados.idade+2)
    ```

    Essa *query* faz uma operação de *update* na tabela "Empregados", atualizando o campo *idade* em idade = idade + 2.

[questões para revisão]

1. Qual das alternativas a seguir indica uma seleção de colunas nulas na sintaxe SQL?

    a. SELECT * FROM log WHERE detalhes IS NULL.

    b. SELECT * FROM log WHERE detalhes = NULL.

    c. SELECT * FROM log WHERE detalhes == NULL.

    d. SELECT * FROM log WHERE detalhes EQUALS NULL.

    e. SELECT * FROM log WHERE detalhes EQ NULL.

2. Em SQL, a função *union* permite a combinação de resultados de duas ou mais *queries* individuais. Sobre essa função, indique a alternativa **incorreta**:

   a. As sentenças SQL devem selecionar a mesma quantidade de campos.

   b. As linhas com valores duplicados serão apresentadas normalmente.

   c. Valores duplicados serão omitidos.

   d. Os tipos de dados das colunas correspondentes devem ser compatíveis.

   e. Serão usados os nomes das colunas do primeiro *select* da função *union*.

3. A administração e a operação das principais bases de dados das organizações mundiais estão associadas à utilização de sistemas gerenciadores de banco de dados (SGBDs). Não é função dos SGBDs:

   a. Realizar a administração de banco de dados.

   b. Garantir o acesso concorrente dos usuários aos dados.

   c. Prover ferramentas de *backup* e recuperação de dados em caso de desastre.

   d. Assegurar que as restrições de unicidade e conformidade sejam respeitadas.

4. Analise com atenção a tabela a seguir e construa uma função SQL que liste os nomes de todos os empregados que atuam na empresa com idade superior a 30 anos e inferior a 50 anos.

Tabela Empregados para exercício sobre SQL

Código	Nome	CPF	Idade	Departamento
1	João	876.342.123-22	22	Telecom
2	Pedro	432.453.436-11	31	Compras
3	Paulo	435.457.378-23	45	Agência
4	José	265.432.214-11	50	Vendas
5	Thiago	524.567.342-34	49	Vendas

5. Analise com atenção a tabela a seguir e construa uma função SQL que liste os nomes de todos os empregados que têm idade inferior a 50 anos, que trabalhem na equipe de Vendas e cujo nome comece com a letra T.

Tabela Empregados para exercício sobre SQL

Código	Nome	CPF	Idade	Departamento
1	João	876.342.123-22	22	Telecom
2	Pedro	432.453.436-11	31	Compras
3	Paulo	435.457.378-23	45	Agência
4	José	265.432.214-11	50	Vendas
5	Thiago	524.567.342-34	49	Vendas

[questões para reflexão]

1. Dado, informação e conhecimento: a diferença entre esses três temas define de forma geral o melhor uso dos bancos de dados como ferramentas não somente de armazenamento, mas

também de relacionamento entre essas variáveis para gerar conhecimento. Quando os dados são relacionados entre si por meio de um estudo sistemático, eles se transformam em informações que, uma vez inseridas em um contexto, tornam-se conhecimento. Que exemplo você pode citar desse processo?

2. A provocação do historiador Chad Gaffield, "o século 21 ficará conhecido como o século em que a humanidade quis entender seu próprio comportamento" (Pacheco, 2013), está baseada na tendência de coleta e análise em tempo real de grandes quantidades de dados (conceito de *big data*). Isso representa uma evolução em relação ao conceito de (*Data Warehouse* – ou armazém de dados). Olhando para o futuro, que usos você sugere para as aplicações baseadas em *big data*?

[para saber mais]

Materiais sobre banco de dados e a linguagem SQL podem ser úteis para que você se aprofunde no tema. Confira as obras a seguir:

DATE, C. J. **Introdução a sistemas de bancos de dados**. Rio de Janeiro Campus, 2000.

_____. **Projeto de banco de dados e teoria relacional**. São Paulo: Novatec, 2015.

FEITOSA, M. P. **Fundamentos de banco de dados**: uma abordagem prático-didático. São Paulo: [s.n.], 2013.

KIRCHOF, E. **SQL para iniciantes**. Rio de Janeiro: Ciência Moderna, 2012.

VENTAVOLI, F. **Sistema gerenciador de banco de dados MySQL**. Ebook Kindle, 2014.

para_concluir...

Considerando toda a informação exposta nesta obra, você pôde perceber que as relações humanas e todas as transformações que os computadores causaram na sociedade podem ser ainda mais bem compreendidas à luz de uma abordagem filosófica. Com uma leitura não convencional, que relacionou os aspectos atuais da sociedade moderna com os princípios da filosofia de Aristóteles, ficou evidente a conexão entre passado e presente – uma relação atemporal de causa e consequência que passa despercebida pela maioria das pessoas. Uma observação atenta do tempo histórico e dos seus movimentos forneceu as informações necessárias para o entendimento claro do processo de evolução das disciplinas de Lógica e de Ciência da Computação.

Vimos que, por todos esses aspectos, o computador pode ser entendido como uma nova forma de representar o conhecimento. Seu uso mudou conceitos e permitiu a busca e a compreensão das novas ideias, dos valores e do modelo gerador de riqueza na sociedade da informação.

Dessa forma, conhecer a história foi importante, mas tão relevante quanto isso foi compreender também o domínio da técnica. Assim, esta obra destacou pontos fundamentais da lógica de programação, das estruturas lógicas de dados e de seus operadores, da linguagem de programação C e de banco de dados. Tudo isso foi feito com exemplos reais, no intuito de passar rapidamente da teoria à prática, usando com habilidade as ferramentas computacionais para produzir conhecimento e valor.

Por todos esses aspectos, ao longo deste texto você pôde experimentar um estudo da interação direta com o computador. Esperamos que, após todas as reflexões propostas, quando você entregar seus pensamentos de forma estruturada a uma dessas máquinas para que ela os execute, entenda que é preciso também fazer brilhar a sua luz.

referências_

BORATTI, I. C.; OLIVEIRA, A. B. de. **Introdução à programação**: algoritmos. 3. ed. Florianópolis: Visual Books, 1999.

BOWER, J. L.; CHRISTENSEN, C. M. Disruptive Technologies: Catching the Wave. **Harvard Business Review**, 73, n. 1, p. 43-53, Jan./Feb. 1995.

CASTELLS, M. **A era da informação**: economia, sociedade e cultura. 6. ed. São Paulo: Paz e Terra, 2002. (A Sociedade em Rede, v. 1)

CASTRO, E. A. B. **Notas de aula em introdução à ciência da computação**. Mato Grosso do Sul: Ed. da UEMS, 2003. Apostila.

CUMMINS, J.; BROWN, K.; SAYERS, D. **Literacy, Technology, and Diversity**. Boston: Pearson, 2007.

CUPANI, A. Filosofia da tecnologia. **Portal Ciência & Vida**. Disponível em: <http://filosofiacienciaevida.uol.com.br/ESFI/Edicoes/63/artigo239056-2.asp>. Acesso em: 10 set. 2016.

FARRER, H. et al. **Algoritmos estruturados**. 3. ed. Rio de Janeiro: LTC, 1999.

FORBELLONE, A. L. V.; EBERSPÄCHER, H. F. **Lógica de programação**: a construção de algoritmos e estruturas de dados. 3. ed. São Paulo: Pearson Prentice Hall, 2005.

MORAES, M. Algoritmo, o mundo da tecnologia da informação. **Revista InfoExame**, n. 197, p. 45-46, 1998.

MORTARI, C. A. **Introdução à lógica**. São Paulo: Ed. Unesp, 2001.

MULLISH, H.; COOPER, H. L. **The Spirit of C**: an Introduction to Modern Programming. [S.l.]: Thomson Learning, 1987.

PACHECO, D. **Big Data**: para entender (e transformar) um mundo cada vez mais complexo. USP – Universidade de São Paulo, 22 maio 2013. Disponível em: <http://www5.usp.br/27394/big-data-pode-ajudar-a-entender-e-transformar-um-mundo-cada-vez-mais-complexo/>. Acesso em: 10 set. 2016. Apostila.

PEREIRA, S. do L. **Algoritmos e lógica de programação em C**: uma abordagem didática. 1. São Paulo: Érica, 2010.

SANTOS, H. J. **Curso de linguagem C**. Minas Gerais: Ed. da UFMG, 2001.

SOUZA, M. A. F. de et al. **Algoritmos e lógica de programação**. 2. ed., rev. ampl. São Paulo: Cengage Learning, 2011.

THERON, C. Análise da metafísica de Fernando Pessoa, II. **Recanto das Letras**, Textos, 2008. Disponível em: <http://www.recantodasletras.com.br/teorialiteraria/871067>. Acesso em: 10 set. 2016.

WRIGHT, P. L.; KROLL, M. J.; PARNELL, J. **Administração estratégica**. São Paulo: Atlas, 2000.

ZUANAZZI, L.; REMONATO, R. **O desafio da gestão da Geração Z**. 2014. Disponível em: <http://pt.slideshare.net/lzuanazzi1/o-desafio-da-gesto-da-gerao-z?next_slideshow=1>. Acesso em: 1° mar. 2016.

```
lista_de_algoritmos_
```

Algoritmo 1 – Trocar o pneu furado de um carro

Algoritmo 2 – Trocar uma lâmpada

Algoritmo 3 – Fritar um ovo

Algoritmo 4 – Pegar um ônibus

Algoritmo 5 – Formatação de algoritmo genérico

Algoritmo 6 – Cálculo da média de consumo de combustível

Algoritmo 7 – Conversão de temperatura Celsius ⇔ Fahrenheit

Algoritmo 8 – Conversão de reais (R$) em dólares (US$)

Algoritmo 9 – Modelo geral de um algoritmo

Algoritmo 10 – Cálculo da média aritmética das notas bimestrais

Algoritmo 11 – Estrutura genérica da função SE

Algoritmo 12 – Cálculo da média aritmética dos alunos usando a função SE

Algoritmo 13 – Emissão de nota fiscal de pedágio

Algoritmo 14 – Cálculo da média das avaliações dos alunos

Algoritmo 15 – Avaliar se o número é maior ou menor que 10

Algoritmo 16 – Cálculo da média de 30 alunos

Algoritmo 17 – Soma dos múltiplos de 3 no intervalo 1 a 500

Algoritmo 18 – Cálculo do fatorial de um número

Algoritmo 19 – Multiplicação pelo método da soma das parcelas

Algoritmo 20 – Cálculo da conta de energia conforme tipo de residência

Algoritmo 21 – Cálculo da soma de três algarismos

Algoritmo 22 – Cálculo da soma de três algarismos com precedência

Algoritmo 23 – Tratamento do erro de divisão por zero

Algoritmo 24 – Operação com variáveis do tipo INT (inteiras)

Algoritmo 25 – Operação com variáveis do tipo FLOAT (ponto flutuante)

Algoritmo 26 – Operação com variáveis do tipo DOUBLE

Algoritmo 27 – Exemplo usando variáveis do tipo INT (inteiras)

Algoritmo 28 – Exemplo usando variáveis do tipo FLOAT

Algoritmo 29 – Exemplo usando variáveis do tipo DOUBLE

Algoritmo 30 – Conversão de letras minúsculas em maiúsculas

Algoritmo 31 – Troca de valores entre duas variáveis

Algoritmo 32 – Ponto do plano cartesiano pertencente a uma curva

Algoritmo 33 – Exemplo de uso da função <printf>

Algoritmo 34 – Uso da função <printf>

Algoritmo 35 – Uso da função <scanf>

Algoritmo 36 – Exemplo de uso das funções <gets> e <puts>

Algoritmo 37 – Exemplo de uso da função <getchar>

Algoritmo 38 – Exemplo de uso da função <if>

Algoritmo 39 – Exemplo de uso da função <if/else>

Algoritmo 40 – Exemplo de uso da função <switch>

Algoritmo 41 – Exemplo de uso da função <while>

Algoritmo 42 – Exemplo de uso da função <for> para cálculo do número PI

Algoritmo 43 – Exemplo de uso da função <for> para *loop* infinito

Algoritmo 44 – Exemplo de uso da função <for>

Algoritmo 45 – Soma dos *n* primeiros números ímpares

Algoritmo 46 – Cálculo do resto da divisão de dois inteiros positivos

Algoritmo 47 – Cálculo do produto cartesiano de dois vetores

Algoritmo 48 – Cálculo da média de *n* números

Algoritmo 49 – Cálculo do mmc de *n* números

Capítulo 1

Questões para revisão

1. c
2. a
3. c
4. O objetivo primitivo da lógica proposicional não era criar uma máquina que reproduzisse o pensamento humano, mas encontrar uma forma de guiar o raciocínio humano para a verdade, definindo procedimentos lógicos e ordenados de raciocínio. A observação atenta dos

filósofos antigos foi determinante para a organização das ideias e do pensamento e representou os primeiros passos da lógica proposicional, válidos até os dias de hoje.

5. A ideia de que os computadores conectados em rede poderiam assumir alguma forma de inteligência e, em uma situação extrema, o comando voluntário de sistemas computacionais, afetando as rotinas diárias dos seres humanos, é um tema recorrente em livros como *1984*, de George Orwell, ou em filmes como *Matrix* e o *Exterminador do Futuro*, entre vários outros. Stephen Hawking, sobre inteligência artificial, respondeu: "uma vez que os seres humanos desenvolverem a inteligência artificial, ela irá evoluir por conta própria e redesenhar-se a um ritmo cada vez mais acelerado, ao contrário dos seres humanos, que são limitados pela lenta evolução biológica, assim, eles não iriam poder competir e seriam substituídos"*. Na vida real, os computadores não têm um entendimento genuíno da realidade, não têm consciência nem intuição matemática. Em conjunto, esses três argumentos invalidam a noção de que a mente humana pode ser completamente reproduzida por cálculos matemáticos. Uma preocupação bem mais real são os sistemas autônomos de armas, que podem fazer intervenções militares sem intervenção humana. Observando o desenvolvimento tecnológico, é mais plausível acreditar que sistemas militares com inteligência artificial podem representar um risco para a humanidade, sem considerar que serão muito mais inteligentes do que nós.

Questões para reflexão

1. O livro *A arte de pensar claramente*, escrito por Rolf Dobelli, traz uma série de exemplos de como nós não somos completamente racionais e sobre como os equívocos de pensamento são mais comuns do que

---

* CELLAN-JONES, R. Stephen Hawking Warns Artificial Intelligence could end Mankind. **BBC News**, 2th Dec. 2014.

imaginamos, mesmo quando acreditamos que estamos usando a lógica. Para tentar nos proteger desses erros mais que comuns, segue uma lista de dez dicas recomendadas pelo autor. Você se lembra de situações que se encaixam em cada uma delas?

1. Ter excesso de confiança.
2. Apresentar ilusões sobre a fama.
3. Acreditar na unanimidade.
4. Considerar somente os casos de sucesso.
5. Acreditar nas "autoridades".
6. Pensar que, se não aconteceu até hoje, nunca vai acontecer.
7. Ficar preso à reciprocidade.
8. Acreditar que muito esforço significa bons resultados.
9. Não abandonar uma ideia ruim.
10. Ter tranquilidade porque está bem informado.

2. Há duas vantagens claras no conhecimento da lógica: primeiro, quem a conhece tem mais facilidade em organizar e apresentar as ideias, distinguindo claramente entre o essencial e o não essencial; segundo, a lógica facilita a análise das ideias apresentadas pelos outros, identificando as premissas e as conclusões, e permite rejeitar ou aceitar argumentos depois de reflexões claras.

Capítulo 2

Questões para revisão

1. a
2. e
3. e

4. Se montarmos a tabela-verdade, podemos identificar o cenário no qual as quatro premissas supostamente são verdadeiras. Vamos adotar as letras C (cozinheiro), J (jardineiro), M (mordomo) e Z (zelador).

	Variáveis	Premissas			
	C J M Z	(a)	(b)	(c)	(d)
1.	V V V V	V	F	F	F
2.	V V V F	V	F	V	V
3.	V V F V	V	F	F	F
4.	V V F F	V	F	V	V
5.	V F V V	V	V	V	F
6.	V F V F	V	V	F	V
7.	V F F V	V	V	V	F
8.	V F F F	V	V	F	V
9.	F V V V	F	V	F	V
10.	F V V F	F	V	V	V
11.	F V F V	V	V	F	V
12.	F V F F	V	V	V	V (RESPOSTA)
13.	F F V V	F	V	V	V
14.	F F V F	F	F	F	V
15.	F F F V	V	F	V	V
16.	F F F F	V	F	F	V

As premissas são verdadeiras para a linha 12, ou seja, o jardineiro fala a verdade e as outras testemunhas, não.

5. Observando as três proposições, notamos imediatamente que é impossível apenas a primeira afirmação ser verdadeira, pois como cada carrinho deve ter uma cor distinta, se o Carrinho1 for rosa, com certeza o Carrinho2 não é rosa. Nessa linha de raciocínio, apenas a segunda afirmação seria verdadeira. Se o Carrinho2 não é rosa, ele pode ser azul ou amarelo. Se o Carrinho2 for azul, o Carrinho3 deverá ser rosa, pois, caso contrário, se o Carrinho1 for rosa, a afirmação 1 vai ser verdadeira (e já sabemos que é falsa). Se o Carrinho2 for amarelo, de maneira análoga, o Carrinho1 deverá ser azul e o Carrinho3 deverá ser rosa. Nosso raciocínio ainda nos deixa com duas hipóteses.

Agora, considere que apenas a terceira afirmação é verdadeira. Se o Carrinho3 é azul, restam-nos as opções amarela e rosa. Se o Carrinho2 for amarelo, então o Carrinho1 será rosa, o que não pode ocorrer. No entanto, se o Carrinho2 for rosa, o Carrinho1 será amarelo, e essa é uma possibilidade válida. Isso nos remete a três maneiras possíveis.

Questões para reflexão

1. Os conceitos modernos de lógica e de operações lógicas não desvirtuam os conceitos originais de Aristóteles, pois hoje temos métodos e procedimentos para a determinação das relações verdadeiras (ou falsas) entre as proposições. O método criado pelo filósofo foi aperfeiçoado e ampliado, mas cabe a cada aplicação determinar seu objetivo. A teoria é exata, mas seu uso depende de cada pessoa – ela pode ser usada para esclarecer ou para confundir.
2. As pessoas têm necessidade de explicação dos fatos e acontecimentos que as circundam, e quando não a encontram na ciência, buscam no que está ao alcance – a não ciência. Muito mais simples que isso, a maioria das pessoas (por não conhecer lógica) não consegue identificar as relações de causa e efeito. Um dos exemplos do livro de Carl Sagan é a afirmação: "Depois que as mulheres conquistaram o direito a voto nos Estados Unidos surgiu a bomba atômica no mundo". A sentença está cronologicamente correta, mas as partes não têm nenhuma relação de causa e efeito. Esse é um exemplo simples no qual a lógica (ciência) faz falta.

Capítulo 3

Questões para revisão

1. a
2. c
3. d

4. Um número natural é divisível por 2 quando ele termina em 0, 2, 4, 6 ou 8, ou seja, quando ele é par. Na prática, pode-se considerar que um número é divisível por 2, ou seja, se o resto da divisão por 4 é igual a zero. Veja a seguir um exemplo de programa que compara o resto da divisão por 2 com zero, determinando se o número é par ou ímpar.

ALGORITMO "IDENTIFICA NÚMEROS PAR OU ÍMPAR"

```
var
numero: inteiro
inicio
escreva("Entre com um número inteiro:")
leia(numero)
se(numero mod 2 = 0) entao
escreva("O número:",n," é par")
senao
escreva("O número:",n," é impar")
fim_se
fim_algoritmo
```

5. A ideia do programa é verificar se um número, que nesse caso representa o ano, é divisível por 4 e não é divisível por 100. Os números são divisíveis por 4 quando terminam em 00 ou quando o número formado pelos dois últimos algarismos da direita for divisível por 4. Por exemplo, 1700 é divisível por 4, pois termina em 00, ou 4116 também é divisível por 4, pois 16 é divisível por 4. Já 1230 não é divisível por 4, pois não termina em 00 e 30 não é divisível por 4. Um ano bissexto precisa ser divisível por 4 e não pode ser divisível por 100. Segue uma sugestão de código:

```
algoritmo "Ano bissexto"
  var ano:inteiro
  inicio
  escreva("Digite o ano:")
  leia(ano)
  se((ano mod 4 = 0) e (ano mod 100 <> 0)) ou (ano mod 400 = 0) entao
  escreva("O ano:",ano," é bis--to")
  senao
  escreva("O ano:",ano," não é bis--to")
  fim_se
  fim_algoritmo
```

Questões para reflexão

1. Nas palavras de Steve Jobs, "todos deveriam aprender a programar, porque ensina você como pensar"*. Na mesma linha, Elena Silenok afirma que "criar coisas com as mãos, ou fazer códigos, criar programas, são apenas maneiras diferentes de expressar sua criatividade" [tradução nossa]**. Aprender uma linguagem de programação permite que se use o computador como desejar e possibilita que se desenvolva o raciocínio lógico, criando uma nova maneira de pensar e enxergar as coisas – e essa habilidade é muito útil em qualquer área de trabalho. Confira o vídeo feito por alguns dos melhores (e mais famosos) programadores do mundo e que está disponível em: <https://www.youtube.com/watch?v=vD3vCmRbcII>.

2. A parte mais importante a ser aprendida inicialmente é a lógica de programação, e não uma linguagem específica. Sem os conceitos de programação lógica e algoritmos, os programas (em qualquer linguagem) não serão funcionais. Depois que se dominam os conceitos da lógica de programação, é importante começar por uma linguagem simples e bem estruturada, como Pascal ou C. Na sequência, as possibilidades de evolução incluem linguagens orientadas a objetos, Java etc.

Capítulo 4

Questões para revisão

1. d
2. d
3. c

---

* A ENTREVISTA perdida. Direção: Paul Sen. EUA: Magnolia Films, 2012. 70 min.

** COED.ORG. **Elena Silenok**. Disponível em: <https://code.org/quotes>. Acesso em: 18 nov. 2016.

4. Nesse tipo de questão, é necessário escolher a melhor estrutura de repetição para realizar a tarefa. De maneira geral, quando conhecemos o número de interações que o programa deve executar, a estrutura de repetição PARA (FOR) tende a ser a primeira opção. Vamos ao código. Lembre-se de que precisamos definir a condição de números ímpares e que sejam múltiplos de 3 (múltiplos de 3 significa que o resto da divisão do número por 3 deve ser zero).

```
ALGORITMO 17 - SOMA DOS MÚLTIPLOS DE 3 NO INTERVALO 1
A 500

início_algoritmo // início do algoritmo
  //
  // Declaração das variáveis
  soma, i: inteiro;
  //
  // Corpo do algoritmo
  i = 0;
  para i de 1 até 500 faça
    se (i mod 2 = 1)então
      se
        se (i mod 3 = 0)
        soma = soma + i
        fim_se
      fim_se
    fim_se
  fim_para
escreva ("A soma é:",soma)
fim_algoritmo
```

5. Como sabemos quantos elementos teremos que somar para calcular o resultado do fatorial, podemos utilizar a estrutura de repetição <para>, tendo como último algarismo o número informado pelo usuário. Outro ponto interessante é que, ao invés de incrementar o contador, nesse caso precisamos decrementá-lo. Isso é feito pela expressão <nun-1> na estrutura de repetição.

```
ALGORITMO 18 - CÁLCULO DO FATORIAL DE UM NÚMERO

//Algoritmo para cálculo do fatorial de um número
//
início_algoritmo
  Variáveis:
    nun, aux, fatorial: real
início
  escreva("Qual o número a calcular o fatorial?")
  leia(nun)
  fatorial = nun
  para aux de nun até nun-1 faça
    escreva(" Fator",fatorial)
```

```
       fim_para
       escreva("Fatorial de n é igual a",fatorial)
fim
   fim_algoritmo
```

Questões para reflexão

1. Segue uma sugestão de programa em linguagem C que constrói o Triângulo de Pascal:

```
#include <stdio.h>
#include <stdlib.h>
#include <conio.h>
#include <math.h>
#define M 100
void main(){
int linha, lin, col, count = 1;
int vet_triangulo_de_pascal[M][M];
printf("Digite quantas linhas o seu triangulo vai ter:");
scanf("%d",&linha);
for(lin = 1 ; lin <= linha; lin++){
printf("Linha %d:",count);
count++;
for(col=1; col <= lin; col++){
vet_triangulo_de_pascal[lin][col] = vet_triangulo_de_pascal[lin]
[col]+1;
printf("%d", vet_triangulo_de_pascal[lin][col]);}
printf("\n");}
system("PAUSE");
return 0;
}
2. Passo 1: N= 4
Passo 2: 4 x 2 = 8
Passo 3: 42 + 8 = 50
Passo 4: 50 / 2 = 25
Passo 5: 25 - 4 = 21
```

A mágica fica fácil de ser explicada se as operações matemáticas forem escritas na forma algébrica, como segue:

$$\frac{(N*2)}{2} + C - N = \frac{C}{2}$$

Ou seja, considerando o valor de C = 42, o resultado sempre será C/2 e não depende de N (número pensado pelo amigo). Com apenas a divisão do número aleatório C por 2, o problema estaria resolvido. Todas as demais operações são desnecessárias.

Capítulo 5

Questões para revisão

1. a
2. e
3. c
4. O programa imprimirá a média dos dois números com uma casa decimal.
5. 1223334444555556666667777777888888899999999.

Questões para reflexão

1. Passo 1: 37037
   Passo 2: 4 (número escolhido pelo amigo e guardado em segredo)
   Passo 3: 4 × 3 = 12
   Passo 4: 37037 × 12 = 444444

   O número secreto escolhido pelo amigo foi 4.

   Dica: Faça a multiplicação do número 37037 x 3 e verá o resultado.

2. Passo 1: 271
   Passo 2: 271271
   Passo 3: 271271 / 7 = 38753 / 11 = 3523 / 13 = 271

   Duplicar um número de três algarismos produz o mesmo resultado que multiplicá-lo por 1001. Dividir um número sucessivamente por 7, depois por 11 e depois por 13 produz o mesmo efeito que por 1001, afinal, 7 × 11 × 13 = 1001. Algebricamente, estamos multiplicando um número por 1001 e, na sequência, dividindo-o por 1001. Como as operações se cancelam, o resultado final será o número de três algarismos inicial.

Capítulo 6

Questões para revisão

1. b
2. c
3. e

Nesse tipo de questão é melhor realizar a operação de divisão em papel para deixar bem claros todos os passos. Embora a linguagem C apresente o operador % que calcula o resto de uma divisão entre dois inteiros positivos, certamente não devemos usá-lo como resposta à questão. Depois de executar uma operação simples no papel, vamos ao programa, primeiro definindo as variáveis *dividendo*, *divisor*, *quociente* e *resto*.

```
ALGORITMO 45 - CÁLCULO DO RESTO DA DIVISÃO DE DOIS
INTEIROS POSITIVOS

\\ Calcula o resto da divisão de dois inteiros
#include <stdio.h>
main ( )
{
int dividendo, divisor, quociente, resto;
clrscr();
printf("Entre o dividendo e o divisor, que deve ser diferente de
zero");
scanf("%d%d",&dividendo,&divisor);
quociente=1;
while (quociente * divisor <= dividendo)
  quociente = quociente + 1;
quociente = quociente - 1;
resto = dividendo - quociente * divisor;
printf("Quociente e resto da divisão são %d e %d\n", quociente,
resto);
}
```

4. Nessa questão será necessária uma estrutura bastante comum em qualquer linguagem de programação, em que precisaremos de um *loop* dentro de outro *loop*. Esse tipo de estrutura é comumente denominado *estruturas aninhadas*. Novamente, a melhor forma de entender a lógica do programa é realizar o produto cartesiano desses vetores manualmente e somente depois partir para a codificação, conforme a figura a seguir. O produto cartesiano dos vetores A = [1, 2, 3] e

B = [4, 5, 6] são os pares ordenados {[1, 4], [1, 5], [1, 6], [2, 4], [2, 5], [2, 6], [3, 4], [3, 5], [3, 6]}.

Produto cartesiano

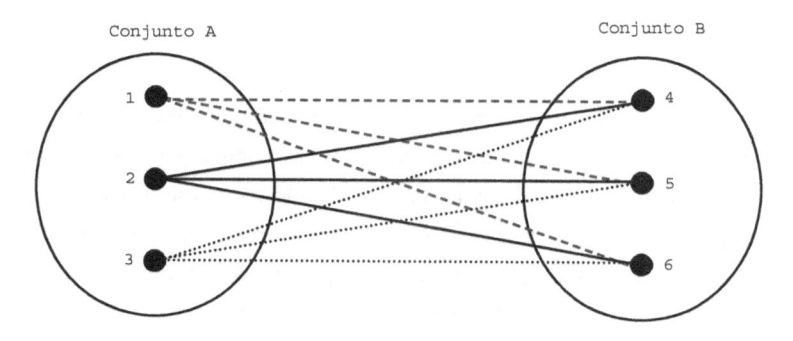

```
ALGORITMO 46 - CÁLCULO DO PRODUTO CARTESIANO DE DOIS
VETORES

\\ Calcula o produto cartesiano de 2 vetores
#include <stdio.h>
main ( )
{
int n, j, i;
clrscr();
printf("Entre o número de elementos do conjunto");
scanf("%d",&n);
for (i=1; i<=n; i=i+1)
   for (j=1; j<=n; j=j+1)
      printf("(%d, %d)",i,j);
}
```

5. A solução computacional para esse problema faz uso de uma estrutura bastante comum em qualquer linguagem de programação, em que precisaremos de um *loop* dentro de outro *loop*. Esse tipo de estrutura é comumente denominado estruturas aninhadas. A melhor forma de entender a lógica do programa é realizar o produto cartesiano desses vetores manualmente e somente depois partir para a codificação, conforme figura a seguir:

Produto cartesiano

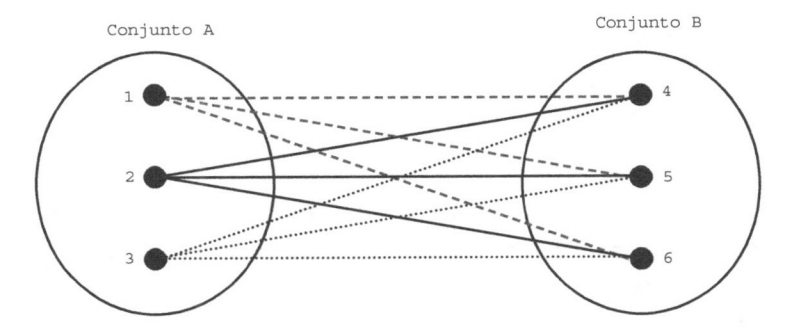

Questões para reflexão

1. A linguagem C tem muitas bibliotecas, e conhecê-las pode poupar bastante trabalho, pois os códigos já estão prontos para uso. Algumas bibliotecas importantes são:

    <stdint.h>   Definição de tipos de dados inteiros.
    <stddef.h>   Diversos tipos e macros úteis.
    <stdio.h>   Manipulação de entrada/saída.
    <stdlib.h>   Diversas operações, incluindo conversão, geração de números aleatórios, alocação de memória, controle de processos, busca e ordenação.
    <string.h>   Tratamento de cadeia de caracteres.
    <tgmath.h>   Funções matemáticas.
    <time.h>   Conversão de tipos de dado de data e horário.

2. Sim, a linguagem C permite que o programador defina as próprias bibliotecas e possa reutilizar parte do código das funções definidas na sua biblioteca de forma bastante simples e estruturada no programa. As bibliotecas podem conter funções que recebem argumentos e retornam valores para o programa principal.

Capítulo 7

Questões para revisão

1. a
2. b
3. a
4. SELECT * from EMPREGADOS where (Idade > 30 and Idade < 50)
Essa *query* faz um *select* de todos os campos "nome" da tabela "Empregados" em que a idade é superior a 30 anos e inferior a 50 anos.

5. SELECT * from EMPREGADOS where (IDADE < 50) and (DEPARTAMENTO = Vendas) and NOME (T*)
Essa *query* faz um *select* pelo nome que existe na tabela "Empregados", procurando nas tabelas "Idade", verificando os funcionários com idade inferior a 50 anos; "Departamento", para verificar quem trabalha na área de Vendas; e "Nome", para verificar possíveis nomes que se comecem com a letra "T".

Questões para reflexão

1. A saga *Star Wars* tem escritores, desenhistas e roteiristas espalhados pelo mundo; para evitar erros e contradições em obras tão diversas, todo o conhecimento está guardado em um repositório único, o banco de dados apelidado de *Holocron*, que era o nome de um mítico repositório de todo o conhecimento Jedi nos filmes. O Holocron concentra todo o conhecimento de tudo o que já foi criado sobre a saga e cresce a cada dia: novos jogos, livros, brinquedos, gibis, músicas, textos e fotos passam a fazer parte desse enorme repositório.

2. As ferramentas de análise massiva de dados em tempo real podem revelar relações entre variáveis até agora desconhecidas e que podem ajudar a prever com mais assertividade comportamentos e necessidades futuras da humanidade. Alguns resultados incluem: empresas

que vendem fotos instantâneas de satélite informando disponibilidade de vagas em estacionamentos; outras que orientaram as ações de busca a desaparecidos no terremoto do Haiti quando usaram dados de geolocalização de mais de 2 milhões de *chips* de telefone celular para encontrar sobreviventes; e ainda aquela empresa de energia que analisou *petabytes* de dados climáticos, nível das marés e desmatamentos, entre outros, para escolher o melhor local para instalação de turbinas eólicas.

Muito disso está ao alcance do *mouse*, como a aplicação que avalia dados recolhidos das redes sociais em tempo real sobre seu nome – disponível em <http://hellomynamemeans.com/pt/>.

A análise massiva de dados é importante, mas nossa atenção e energia devem estar focadas menos em previsões e cada dia mais na construção de um futuro melhor.

sobre_o_autor_

Marcos Fernando Ferreira de Souza é engenheiro e professor. Graduado em Engenharia Elétrica (1995) pelo Centro Federal de Educação Tecnológica de Minas Gerais (Cefet-MG), pós-graduado em Telemática e Redes de Alta Velocidade (2001) pela Universidade Tecnológica Federal do Paraná (UTFPR) e mestre em Desenvolvimento de Tecnologia (2013) pelo Instituto de Tecnologia para o Desenvolvimento (Lactec). Foi assessor especial da Secretaria de Ciência e Tecnologia do Estado do Paraná e consultor da Secretaria Especial para Assuntos Estratégicos, onde conduziu o projeto e as obras do Novo Museu (hoje Museu Oscar Niemeyer). Atualmente, é gerente sênior da área de Telecomunicações do Banco HSBC e professor da Pontifícia Universidade Católica do Paraná, (PUCPR), atuando principalmente nas áreas de redes de computadores, gerência de redes, sistemas operacionais, além de ser orientador de trabalhos de conclusão de curso (TCCs). É instrutor certificado do programa *Cisco Networking Academy*.

Os papéis utilizados neste livro, certificados por instituições ambientais competentes, são recicláveis, provenientes de fontes renováveis e, portanto, um meio responsável e natural de informação e conhecimento.

Impressão: Reproset
Agosto/2023